CORPORA

CORPORATE DESIGN
PREIS 2014

ATE DE

SIGN PREIS

20

014

seltmann+söhne

INHALT

VORWORT

„Stetig neu statt immer gleich – um zukunftstaugliche Firmenauftritte zu entwickeln, setzen Designer weltweit zunehmend auf variable Formenrepertoires, evolutionäre Konzepte, User-Input oder generative Gestaltung. Wir zeigen anhand internationaler Beispiele, wie es gelingt, einer Identität Leben einzuhauchen." *(Vorwort aus dem Magazin Identity in Kooperation mit Page, Tellus Corporate Media GmbH, HH 2013)*

Der *CORPORATE DESIGN PREIS 2014* fokussiert und prämiert nach wie vor avanciertes Corporate Design für Unternehmen, Marken und Institutionen.

Es sind vorwiegend starke, prägnante Logos, spannende Schrift- und Typo-, Farb- und Bildkonzepte und dies alles kondensiert in einem Manual oder in Guidelines. Es sind die plakativen visuellen Etiketten inspirierter und arrivierter Unternehmen. Es droht jedoch Gefahr in dieser Konvention. Eine gewisse Beliebigkeit, Starre bis hin zur Öde macht sich breit – die „Ökonomie der Aufmerksamkeit" und der emotionale Impact leiden.

Und trotzdem, avanciertes Corporate Design ist das Kernstück einer visuellen Identität, und das prämieren wir signifikant – auch 2014!

006 Wir sind uns aber auch bewusst, dass das Corporate Design zwar das zentrale Element eines Unternehmensauftritts ist, dass aber neben einem rigiden grafisch-formalen Kanon noch ganz andere Manifestationen wesentlich zur Identität eines Unternehmens beitragen. Oder, dass es gerade diese sind, die eine faszinierende Aura oder Atmosphäre generieren.

„Atmosphäre"* wird ja auch als Grundbegriff einer neuen Ästhetik proklamiert. Dabei geht es um die sinnliche Wahrnehmung. Nicht nur die faktischen Dinge oder Sachverhalte werden wahrgenommen, sondern in einer präzisen Form auch „Atmosphären".

Wir haben deshalb erstmals bei der 17ten Ausschreibung eine Ausweitung des Corporate-Design-Begriffs vorgenommen, indem diese Randphänomene der „Visual Identity" mitjuriert wurden.

Es wäre für uns zunehmend ein Verlust, ausschließlich die dogmatische Version des Corporate Design zu prämieren und die oftmals wichtigeren, professionell und inspiriert hergestellten „corporate visual atmospheres" zu vernachlässigen.

Sie manifestieren sich in Produkt- und Event-Inszenierungen, in technologischen Sensationen, in Corporate Architecture, Bild- und Farbklimatas usw. Ein ganzes Spektrum dieses „Informellen Corporate Design" findet sich in der eingangs erwähnten Broschüre.

Gleichzeitig stellen wir fest, dass es Design Elemente gibt, die ganz wesentlich das Corporate Design stützen und ergänzen. Sie konstituieren in ihrer Gesamtheit den Auftritt von Unternehmungen und zeigen in ihrer Idee und „Gestaltungskraft", wie bedeutend die Sorgfalt gegenüber einzelnen Corporate Design Elementen ist.

Der *CORPORATE DESIGN PREIS* wurde entsprechend in zwei Hauptkategorien strukturiert:

CORPORATE DESIGN

CORPORATE DESIGN LAUNCH

Neuentwicklungen von Corporate Design mit allen Attributen: Logo, Schrift/Typografie/Bild- und Farbkonzept, Webauftritt, Manual oder Guidelines

CORPORATE DESIGN REDESIGN

Re-Profilierung bestehender Corporate Designs mit dem Anspruch der Aktualisierung und Weiterentwicklung in Richtung visueller Prägnanz und erweiterter Funktionen

Daneben werden *Corporate Design Elemente* prämiert, die wesentlich die visuelle Identität einer Unternehmung konstituieren, unterstützen, beeinflussen und aktualisieren.

008 CORPORATE DESIGN ELEMENTE

LOGO TYPE- UND TRADEMARK-DESIGN

Neuentwicklung oder formale Überarbeitung von Logos und Trademarks

CORPORATE TYPOGRAFIE / SCHRIFT / BILD

Formal starke und eigenständige typografische Konzepte und Bildkonzepte /
Illustrations-Konzepte / (Scientific Illustration) Informations-Design /
Entwicklung eigenständiger Fonts

CORPORATE SIGNALETIK UND ZEICHENSYSTEME

Zeichen und Zeichensysteme / Signaletik- und Beschriftungskonzepte,
zur Profilierung der visuellen Identität von Unternehmungen und Institutionen

CORPORATE STAGING

Scenografical Design, das sich auf Elemente des Corporate Design bezieht
und/oder eine spezifische, unverwechselbare Unternehmens-Atmosphäre generiert /
Event Design / Exhibition Design / Educational Design

CORPORATE PACKAGING DESIGN

Verpackungskonzepte und Verkaufsinszenierungen, die in Verbindung zum
Corporate Design stehen

DIGITALES CORPORATE DESIGN

Audiovisuelle Medien / Internet / Social Media / Cast

Sowohl der Bereich des *Corporate Design Systems,* wie auch die *Corporate Design Elemente,* stehen in einem direkten, visuell nachvollziehbaren Zusammenhang zum jeweiligen Corporate Design oder zur visuellen Identität einer Unternehmung. Dies ist die ultimative Bedingung, an die sich die Jury beim *CORPORATE DESIGN PREIS 2015* halten wird.

Prof. Urs Fanger kommentiert die Einreichungen 2014 so: „Die Eingaben vermittelten bereits Anzeichen für diese spannende Ausweitung und Präzisierung des Corporate-Design-Begriffs. Es war attraktiv und befreiend, diese Projekte mit zu honorieren."

Herzlichst
Ihr Odo-Ekke Bingel,
AwardsUnlimited

*Gernot Böhme „Atmosphäre", Edition Suhrkamp, Frankfurt am Main 1995

ARD

/ CORPORATE DESIGN / RELAUNCH

/ VISUAL IDENTITIES / IDENTITY EXPERIMENTE

MUSIKFABRIK

AWARD

AGENTUR
Q Kreativgesellschaft mbH

AUFTRAGGEBER
Ensemble Musikfabrik

VERANTWORTLICH
Laurenz Nielbock
Matthias Frey
Alexander Ginter

Das *Ensemble Musikfabrik* zählt zu den international führenden Klangkörpern für Neue Musik. Nach einem Ideenwettbewerb in Köln und basisdemokratischer Entscheidung aller Ensemblemitglieder wurde *Q* mit der Gestaltung eines neuen Erscheinungsbildes beauftragt.

Den Auftakt bildete eine Programmbroschüre. Hier ist erstmals der von uns entwickelte Schriftzug des Ensembles sichtbar, dessen Silben sich rhythmisch verteilen. Unser Bildkonzept, das wir für fotografische Arbeiten anwenden, folgt einem übergeordneten Leitgedanken: Neue Musik, die zu Beginn unzugänglich erscheint, lässt sich mit großer Freude entdecken – wie bei einem Geschenk, dessen Verpackung man erst abstreifen muss. Und da die Erzeugnisse einer Fabrik in der Regel mit einer Verpackung versehen sind, ordneten wir dies auch dem *Ensemble Musikfabrik* zu. Entsprechend wurde für die Bildgestaltung alles verhüllt, was uns in die Finger kam – darunter auch das spektakuläre Instrument *Guard Tree (Kürbisbaum)* von *Harry Parch*. Für die Fotografien zur Programmbroschüre konnten wir *Jeroen van der Spek* aus Amsterdam gewinnen. Zum Erscheinungsbild gehört auch eine neue Webseite, die die umfangreichen Tätigkeitsbereiche des Ensembles darstellt.

Henning Horn
Perfekte Bild-Typo-Integration mit Stilelementen, welche die späten Achtziger wieder aufleben lassen.

Till Brauckmann
Stilsicher und zielsicher erreicht das neue Corporate Design, was es will. Es schafft einen typografisch ausgefeilten Rahmen für moderne und experimentelle Fotografie und korreliert mit ihr ganz hervorragend. Volltreffer!

Wolfgang Seidl
Supergeil! Den einen oder anderen Verspieler toleriere ich. Im Experiment steckt die Zukunft! Versteckt, aber mit Hingabe entstehen die Insignien unserer Zeit. Es ist ein Kreislauf: Die Kunst braucht den Betrachter, der Betrachter braucht die Kunst! Ein Zwiegespräch – keine Reklame, und daher sehr, sehr supergeil!

ENSEM
BLE
-
MU
SIKFA
BRIK
-

EDITI
ON
-
MU
SIKFA
BRIK
-

LAB
EL
-
MU
SIKFA
BRIK
-

STU
DIO
-
MU
SIKFA
BRIK
-

AKA
DEMIE
-
MU
SIKFA
BRIK

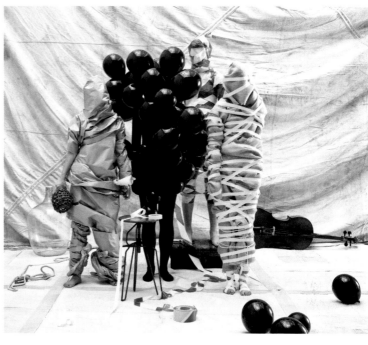

017

019

ARNOLD SCHŒNBERG — KAMME RSYMPHO NIE OP. 9 (1906)

KOMPRIMIERTE SYMPHONIE

Wenn es in der Musikgeschichte so etwas wie „Schlüsselwerke" gibt – Kompositionen also, die einen Wechsel der Paradigmen markieren oder ankündigen – dann fällt Arnold Schönbergs Kammersymphonie op. 9 von 1906 zweifellos unter diese Kategorie. Sie verkörpert nicht nur eine Absage an die Spätromantik und gleichzeitig einen Anfang im Hinblick auf die Symphonie im 20. Jahrhundert, insbesondere die gerade erst entstandene Gattung der Kammersymphonie. In ihr manifestiert sich auch vieles von dem, für das bis heute der erst einige Jahre später aufgekommene Begriff der „Neuen Musik" steht. Ein Werk des Umbruchs, das die hoffnungsvolle Aufbruchsstimmung dieser [...], die aber [...] später durch den Ersten Weltkrieg zunichte gemacht wurde. [...] Der Umbruch, den Arnold Schönberg zwischen etwa 1907 und 1911 vollzog, betraf – obwohl Schönberg sich als kompromissloser Fortsetzer der Tradition verstand – beinahe alle Dimensionen des musikalischen Materials: vor allem die Harmonik, die er zunächst erweiterte und dann in die freie Atonalität überführte, damit zusammenhängend aber auch die motivisch-thematische Arbeit, die Form, die Rhythmik, die Klangfarbe und nicht zuletzt die Gattungen, deren Grenzen verschoben und aufgeweicht wurden, etwa in Schönbergs zweitem Streichquartett, in dessen drittem Satz sich eine Vokalstimme zu den vier Streichern hinzugesellt. [...] Den in diesen Jahren in der Luft liegenden Überdruss an traditionellen Gattungen spiegelt auch Schönbergs erste Kammersymphonie op. 9 wider. 1906, im Jahr der Entstehung von Gustav Mahlers riesig besetzter achter Symphonie („Symphonie der Tausend") geschrieben, bricht die Kammersymphonie radikal mit der Monumentalität spätromantischer Symphonik. Die Bezeichnung „Kammersymphonie" meint hier aber nicht einfach nur eine Symphonie in kleinerer, eben kammermusikalischer Besetzung, sondern weit mehr. Schönbergs Strategie war hier Konzentration und Verdichtung statt Ausdehnung, ja eine regelrechte Verkleinerung fast all dessen, was bis dahin für das Symphonische stand. Den monumentalen Orchesterapparat dampfte er zu einem kammermusikalischen Solistenensemble von nur noch 15 Musikern zusammen. Statt eines satten symphonischen Orchesterklangs herrscht nun ein durchsichtiger, ja kammermusikalischer Klangfaktor vor, dessen empfindliche Balance die Musiker aufs Äußerste fordert und den auch kompositorisch eine weitestgehend kammermusikalische, solistische Behandlung der Stimmen entspricht. Schönbergs Solistenensemble der Kammersymphonie war zukunftsweisend, denn es sollte Vorbild für das

6

Ensemblestück des 20. und 21. [...] Poppe einmal als die „Sinfonie [...] knappung und Verdichtung p [...] symphonie den Weg fort, den e [...] eingeschlagen hatte: die Vier [...] Formmodellen. So komprimie [...] zu einem einsätzigen Gebilde [...] Scherzo mit Trio, Adagio und [...] Ganze einem Sonatenhauptsatz [...] positorischen Anspruchs. Das [...] Alban Berg wies in seiner A [...] nach – aber auch der Duktu [...]

MODELL FÜR DIE ENSEM DES 20. UND DES 21. JA

Mit seiner Kammersympho [...] Arnold Schönberg der o [...] Symphonik eine radikale A [...] vor allem die Besetzung de [...] Stimmenzahl und damit ein [...] Einzelfall. Während in der klassisch-romantischen Symphonie Streicher und Bläser meist jeweils mehrfach besetzt und die Stimmen [...] gruppenweise chorisch, d.h. weitgehend identisch geführt wurden, setzt Schönberg für seine erste Kammersymphonie 15 solistisch zu [...] solistisch behandelte Instrumente vor. Dieses Modell sollte Schule machen: Vor allem in der Ensemblekultur mit ganz solistischer Stimmbehandlung ein zentraler Werktypus. Schönbergs Kammersymphonie ist nicht nur das früh anzusprechende Vorbild, es zeigt sich auch das Ensemble musikFabrik als „Solistenensemble" bezeichnet, weshalb man auch eine der bedeutenden historischen Grundlegungen für das Wirken des Ensembles überhaupt

7

nanz" weiter voraustrieb. Das Prinzip der Tonalität scheint hier an seine äußerste Grenze gekommen zu sein, denn im Wesentlichen sind es nun nicht mehr große und kleine Terzen, sondern Quarten und Ganztonintervalle, die sowohl die Harmonik als auch die Melodik der einzelnen Stimmen prägen. Exemplarisch dafür ist das berühmte, gleich zu Beginn in den Hörnern [...] stimme optimistisch und signalartig emporsteigende Quartenthema, das gerade zu programmatische Bedeutung bekommt. „Einem ganz andern Ausdrucksbedürfnis [stürmischen Jubel entspringend", schrieb Schönberg einige Jahre später in seiner *Harmonielehre*, „formen die Quarten sich hier zu einem festen Thema des Horns.

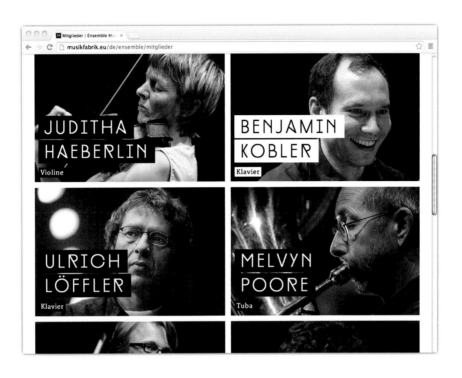

LINDE „FASCINATING GASES"

AWARD

024

AGENTUR
Peter Schmidt Group

AUFTRAGGEBER
Linde AG

VERANTWORTLICH
Peter Schmidt Group
Norbert Möller, Executive Creative Director
Niels Stehn, Design Director
Holger Schardt, Director Brand Spaces
Stephan Wolter, Director Interactive Branding
Florian Schaake, Design Director
Tobias Gagelmann, Head of Production
Dominika Dobrzalski, Designer
Daniel Schludi, Designer
Marcel Besau, Illustration

amp; Audio Branding
Michele Arnese
Rudi Mauser
Johannes Malfatti

Fast jeder kennt den Namen *Linde* – aber kaum jemand weiß, was genau das Unternehmen leistet. Dabei spielen die Gase des Weltmarktführers eine wichtige Rolle in der industriellen Produktion und der medizinischen Anwendung. Auch im Alltag begegnen sie uns: zum Beispiel in Fensterscheiben und Autoscheinwerfern. Doch bei alldem bleiben sie stets unsichtbar.

Mit *Fascinating Gases* haben wir das Unsichtbare sichtbar gemacht. Basierend auf den charakteristischen Eigenschaften der Gase – von der molaren Masse über die Zahl der Elektronen bis hin zum Schmelz- und Siedepunkt – entwickelten wir eine Software, die diese Daten in eine einzigartige visuelle und akustische Darstellung übersetzt. Auf der Microsite *fascinating-gases.com* erhielten die Gase ihre eigene Plattform: mit Anwendungsbeispielen, interaktiven Produkterläuterungen und einem informativen Making-of. Darüber hinaus gibt es eine eigene iPad-App.

Fascinating Gases macht die Marke *Linde* und ihre Produkte digital begreifbar und erzeugt zudem ein starkes Key Visual. Dieses kommt über digitale Anwendungen hinaus zum Einsatz und funktioniert in Anzeigen ebenso wie auf großformatigen Werbebannern am Flughafen.

Michael Rösch
Linde macht Gase sichtbar, als einziger Hersteller weltweit. Selbst Chemiker beginnen zu staunen – so haben sie diese Produkte noch nie gesehen. Diese Arbeit positioniert Linde on the top.

Gregor Schilling
Sehr schöne und ansprechende konzeptionelle Umsetzung des abstrakten Themas Gase. Ästhetisch ebenfalls sehr gut!

Wolfgang Seidl
Wir brauchen mehr solcher Experimente – das Leben ist zu kurz für die Pflichtlektüre. Danke, Linde!

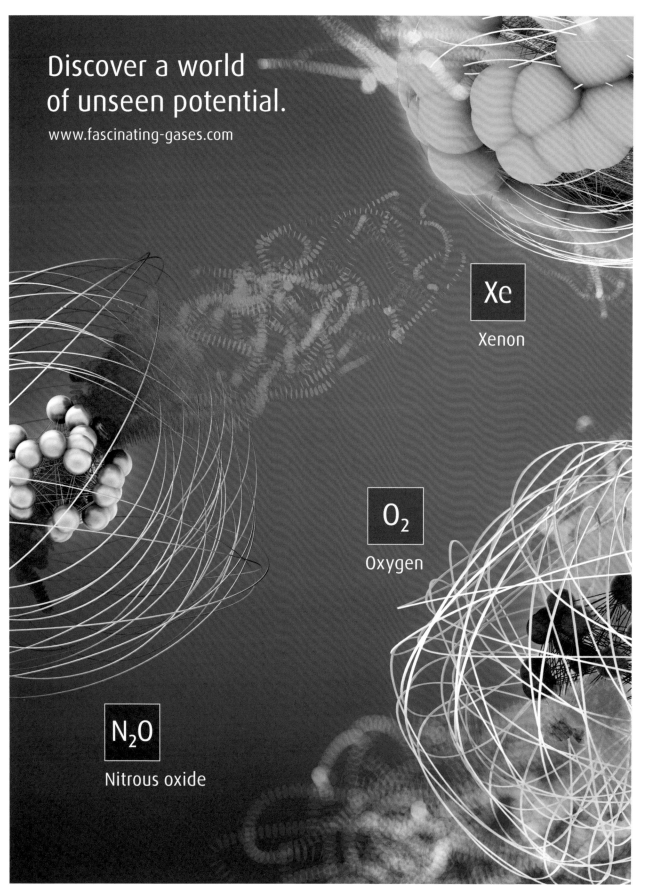

Sauerstoff (O$_2$)

Eigenschaften

1 Molare Masse
2 Dichte
3 Kovalenter Radius
4 Elektronenanzahl
5 Dampfdruck
6 Schmelzpunkt
7 Siedepunkt

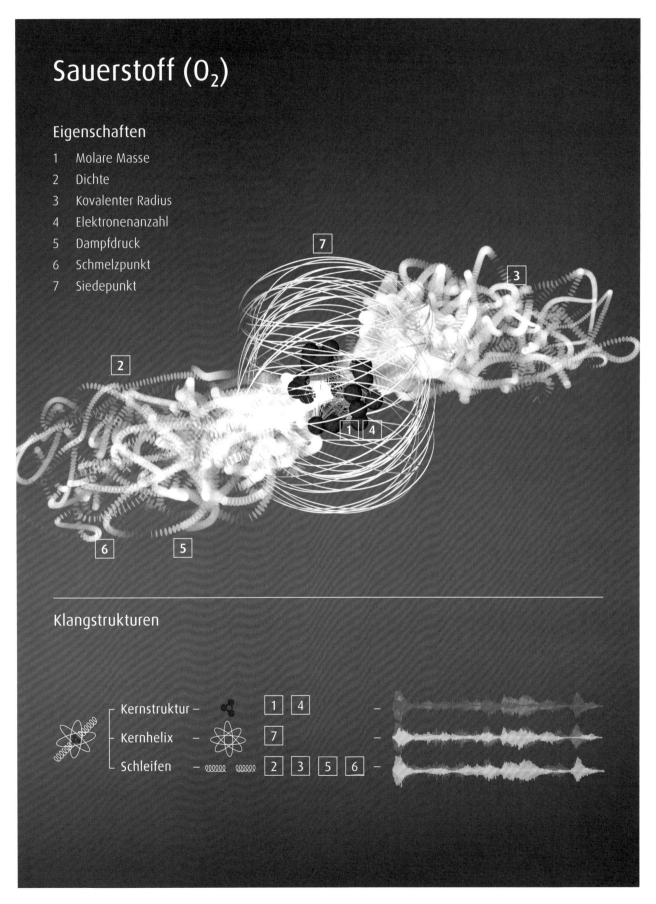

Klangstrukturen

Kernstruktur –   1   4 –

Kernhelix –   7 –

Schleifen –   2   3   5   6 –

Kernstruktur

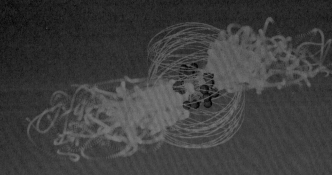

Molare Masse	**32 g/mol**
Dichte	1,14 kg/dm³
Kovalenter Radius	66 pm
Elektronenanzahl	**16**
Dampfdruck	1,52 mbar
Schmelzpunkt	54,4 K
Siedepunkt	90,2 K

Kernhelix

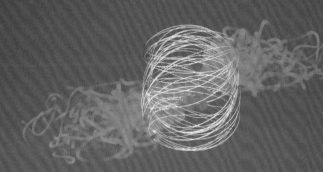

Molare Masse	32 g/mol
Dichte	1,14 kg/dm³
Kovalenter Radius	66 pm
Elektronenanzahl	16
Dampfdruck	1,52 mbar
Schmelzpunkt	54,4 K
Siedepunkt	**90,2 K**

Schleifen

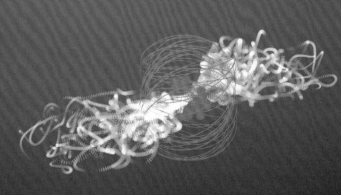

Molare Masse	32 g/mol
Dichte	**1,14 kg/dm³**
Kovalenter Radius	**66 pm**
Elektronenanzahl	16
Dampfdruck	**1,52 mbar**
Schmelzpunkt	**54,4 K**
Siedepunkt	90,2 K

028

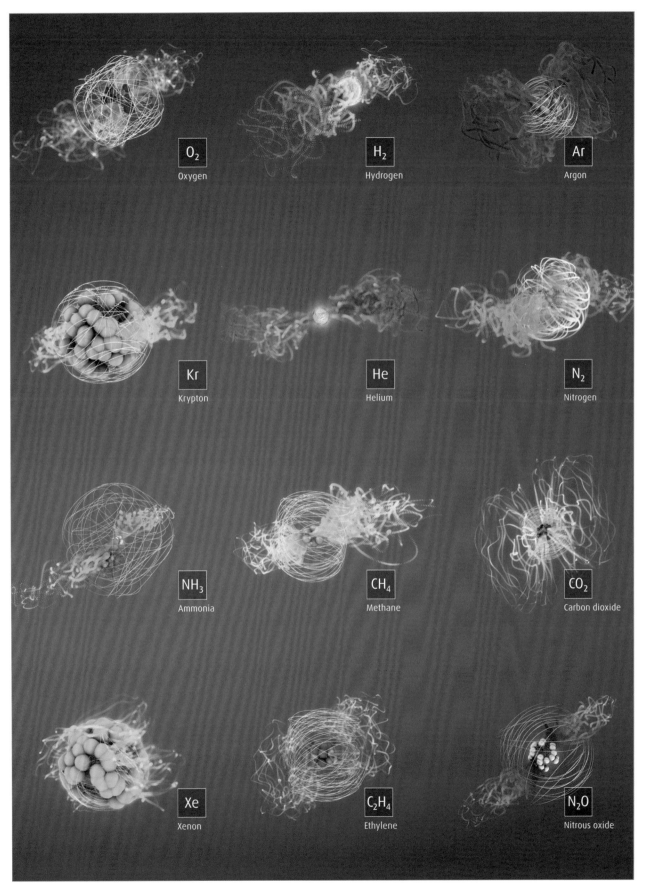

030

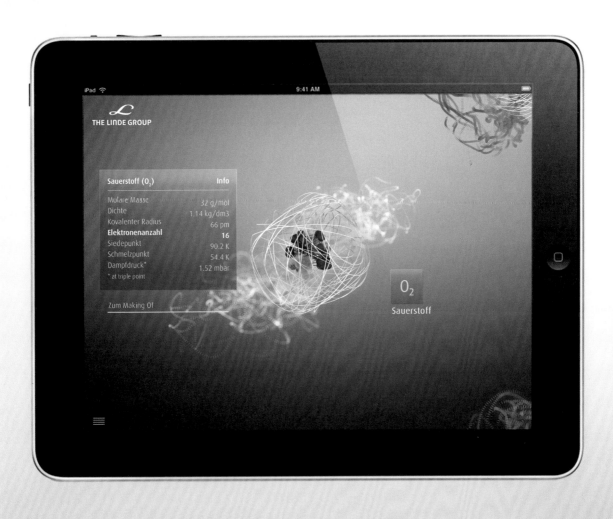

Sauerstoff (O$_2$)	Info
Molare Masse	32 g/mol
Dichte	1.14 kg/dm3
Kovalenter Radius	66 pm
Elektronenanzahl	**16**
Siedepunkt	90.2 K
Schmelzpunkt	54.4 K
Dampfdruck*	1.52 mbar

* at triple point

Zum Making Of

O$_2$
Sauerstoff

THE LINDE GROUP

032

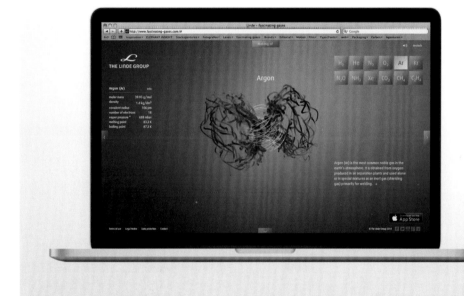

CORPORATE DESIGN

/ RELAUNCH

/ BRAND IDENTITY

BVE

AUSZEICHNUNG

036

AGENTUR
EIGA Design

AUFTRAGGEBER
Bauverein der Elbgemeinden eG

VERANTWORTLICH
Elisabeth Plass, Creative Direction
Henning Otto, Creative Direction
Jutta Regenhardt, Designer
Marcel Häusler, Designer
Marco Müller, Designer

Sönke Petersen, Bauverein der Elbgemeinden

Aufgabe war es, für die mit über 13.000 Wohnungen und mehr als 19.500 Mitgliedern größte Wohnungsbaugenossenschaft Hamburgs die strategische Neuausrichtung und das Corporate Design zu entwickeln. Einzige Vorgabe war es, das bestehende Logo in ein neues, zeitgemäßes Gesamtkonzept zu integrieren.

Unter dem konzeptionellen Dach „Raum für Leben" vereinen wir das solidarische Genossenschaftsversprechen und ein der Größe der Genossenschaft angemessenes Selbstverständnis als Basis für das Corporate Design.

Das zentrale Gestaltungselement, eine in immer neuer Form eingesetzte Farbfläche, die sich von einem Grundriss ableitet, steht für die Vielfalt der Wohn- und Gewerbeflächen.

Auch der Magazinteil des neuen Geschäftsberichts trägt mit einer wohlbedachten Themenauswahl zur Neupositionierung der Marke *BVE* bei. Das Bildkonzept, das auf die Authentizität realer Mitglieder und alltäglicher Situationen setzt, erdet das klare Design.

Wir haben ein simples und dennoch sehr flexibles visuelles Prinzip geschaffen, welches die konzeptionelle Leitidee „Raum für …" direkt übersetzt.

Das neue Erscheinungsbild trägt das altbewährte Logo des *BVE* in eine neue Ära und hat ein neues Selbstbewusstsein freigesetzt.

Ludwig Schönefeld
Modern, farbenfroh – für eine Genossenschaft ist das sehr bemerkenswert. Das Magazin würde ich als Genossenschaftler gerne lesen.

Michael Rösch
Was für ein Wandel: Vom Amt zu Lifestyle, Vielfalt und Individualität. Chapeau!

Prof. Urs Fanger
Professionalität, wie aus dem Lehrbuch!

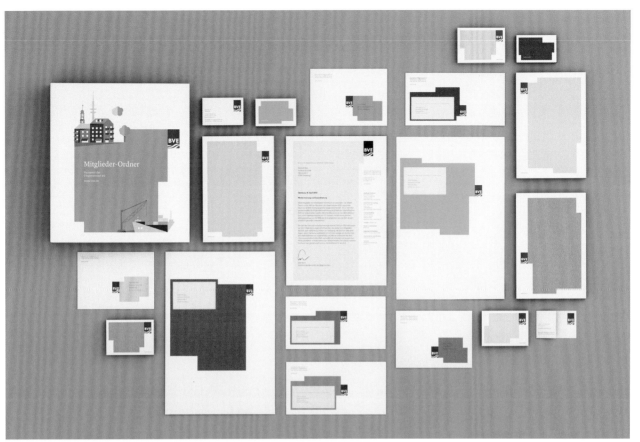

CONTINENTAL AG

AUSZEICHNUNG

042

AGENTUR
Peter Schmidt Group

AUFTRAGGEBER
Continental AG

VERANTWORTLICH
Peter Schmidt Group
Gregor Ade, Managing Partner
Christina Schirm, Creative Director
Kristin Janoschka, Account Director
Niels Stehn, Design Director
Julia Daubertshäuser, Senior Consultant
Dr. Nicolas Zeh, Director Brand Strategy
David Welbergen, Senior Designer
Nora Korn, Senior Designer
Vallerie Baumann, Head of Premedia
Beatriz Palma Dieguez, Final Artwork Manager

Binnen weniger Jahre entwickelte sich der *Continental-Konzern* vom Reifenhersteller zu einem der größten Automobilzulieferer weltweit. Das rasante Wachstum sowie die sich verändernden Anforderungen der Märkte erforderten eine Neuausrichtung von Marke und Unternehmenskultur: *Continental* sollte als Partner rund um Mobilitätsthemen der Zukunft positioniert werden.

Wir haben *Continental* auf diesem Weg begleitet: mit strategischer Beratung, Change Kommunikation, Redesign und neuer Image-Kommunikation. Das Unternehmen positioniert sich heute konsequent entlang der Unternehmensmarke *Continental* mit der Tagline „The Future in Motion".

Eine große Herausforderung lag zudem darin, das seit den 1920er Jahren fast unverändert Logo zu modernisieren, ohne seine hohe Wiedererkennbarkeit zu schwächen. Die charakteristischen Züge der Wortmarke, wie die „CO"-Ligatur, die Serifenschrift und die stilprägende Stärke der Buchstaben, blieben erhalten. Trotz großzügigerem Buchstabenabstand nimmt die Wortmarke nun weniger Platz ein. Auch die Bildmarke wurde grundlegend überarbeitet: Die umschließenden Doppelkreise haben wir entfernt und dem *Continental-Pferd* mehr Charakter verliehen.

Ludwig Schönefeld
Der Relaunch einer Traditionsmarke ist die größte Herausforderung, die ich mir vorstellen kann. Hier wurde ganze Arbeit geleistet. Klasse.

Gregor Schilling
Die Herausforderung, eine Traditionsmarke visuell zu modernisieren, wurde angenommen und sehr gut gelöst. Sehr stimmig und sauber – Respekt!

044

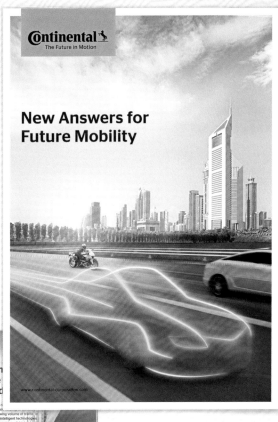

047

HOTEL PAZEIDER

048

AGENTUR
jäger & jäger

AUFTRAGGEBER
Hotel Pazeider

VERANTWORTLICH
Regina Jäger
Olaf Jäger

Oberhalb von Meran liegt das *Pazeider* mit einem phantastischen Blick über Stadt und Berge.

Im Markenentwicklungsprozess, der parallel zur baulichen Modernisierung der Hotelanlage stattfindet, werden Leitbild und Positionierung neu definiert. Die Kernwerte, im Spannungsfeld zwischen Tradition und Veränderungsbereitschaft verortet, bilden die Grundlage für die Neupositionierung des Viersterne-Hotels.

Die *Pazeide**, ein traditionelles Schöpfgefäß, mit dem in Südtirol edler Wein von Fass zu Fass geschöpft wurde, gibt dem Hof seinen neuen Namen. Ihre fast herzförmige, harmonische Grundform wird zum Signet für die Bereiche Hotel und Gastronomie. Um 180 Grad gedreht wird es zur Tropfenform – ein Verweis auf die hauseigene Quelle – und findet im Wellnessbereich Verwendung. Die offene Form symbolisiert unbeschwerte Leichtigkeit und Offenheit, die gefüllte Form – als geballte Ladung Herzlichkeit – wird für kleine, besondere Aktionen genutzt, wie zum Beispiel für das Begrüßungs-Päckchen auf den Zimmern und Suiten.

Aus dem Markenkern wird ein Claim entwickelt, der die Philosophie des Hauses unaufdringlich näherbringen soll: *Herzlich gerne gut, Pazeider.*

Till Brauckmann
Das Design trifft den Nagel auf den Kopf. Die schlüssige Herleitung des Logos und die konsequente und nachvollziehbare Deklination von Farben und Logovariationen ergeben am Ende ein sauberes und sehr professionelles Corporate Design.

Michael Rösch
Ein Auftritt, der Leichtigkeit und Ruhe ausstrahlt. Hochemotional, ohne Menschen abzubilden. Da will ich hin.

Susanne Marell
Tolles Konzept, tolles Design! Das Logo passt zur Tradition des Hotels und ist vielseitig einsetzbar. Schlicht, aber edel.

PAZEIDER

Hotel / Residenz / Quelle / Bad

PAZEIDER

Hotel / Residenz / Quelle / Bad

PAZEIDER

PAZEIDER

Hotel / Residenz /
Quelle / Bad

Herzlich gerne gut, Pazeider.

*... mit fantastischem Klima inmitten einer
traumhaften Landschaft ... «*

Zimmer und Suiten

Seit kurzem erstrahlen die Visionen-Suiten und -Zimmer im
neuen Design: Groß und hell sind die mehrräumigen Suiten,
das Eichenholz der neuen Böden duftet, die neue zeitlos-moderne
Einrichtung ist ebenfalls aus natürlichen Materialien.

053

KUNSTHALLE MANNHEIM

AUSZEICHNUNG

054

AGENTUR
jäger & jäger

AUFTRAGGEBER
Kunsthalle Mannheim

VERANTWORTLICH
Regina Jäger
Olaf Jäger

Die *Kunsthalle Mannheim* setzte den Begriff der „Neuen Sachlichkeit" für eine ganze Kunstrichtung und zählt mit Spitzenwerken von *Manet* bis *Bacon* und einem einzigartigen Skulpturenschwerpunkt zu den renommiertesten bürgerschaftlichen Sammlungen der deutschen und internationalen Moderne bis zur Gegenwart. Bis 2017 ensteht der derzeit größte Neubau für moderne und zeitgenössische Kunst in Deutschland.

Zusammen mit Mitarbeitergruppen aus verschiedenen Fachbereichen wurden in einem umfangreichen, strategischen Markenentwicklungsprozess das Leitbild, die Wertepyramide und die Positionierung neu festgelegt. Als ein Ergebnis dessen soll auch die Spannung zwischen stabiler Souveränität der Sammlung und spielerischem Experiment in der täglichen Museumsarbeit im Erscheinungsbild kommuniziert werden.

Das Erscheinungsbild soll zum sichtbaren Statement einer Institution werden, die an ihren einst legendären Ruf anknüpft und ihre internationale Bedeutung ausbauen und festigen wird.

Gregor Schilling
Simpel, klar, aufgeräumt – das Konzept lässt in werblichen Anwendungen den Bildern (der Kunst) genügend Raum zur Wirkung.

Ludwig Schönefeld
Ein klares Konzept, das in seiner Simplizität vollkommen überzeugt und im Vergleich zum bisherigen Markenauftritt ein gewaltiger und mutiger Schritt ist. In Umsetzung und Funktionalität wirklich top.

Michael Rösch
Ein super Typogramm, schlicht und einfach und dennoch einzigartig. Dazu gibt die Agentur dem Logo großzügigen Raum zur Entfaltung. Das Designprinzip mit den überlappenden Flächen auf der Website schafft zudem den Link zum Museumsbau. Großartig!

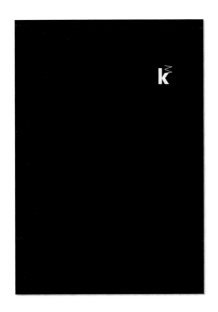

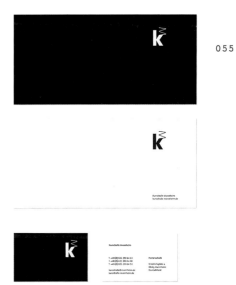

058

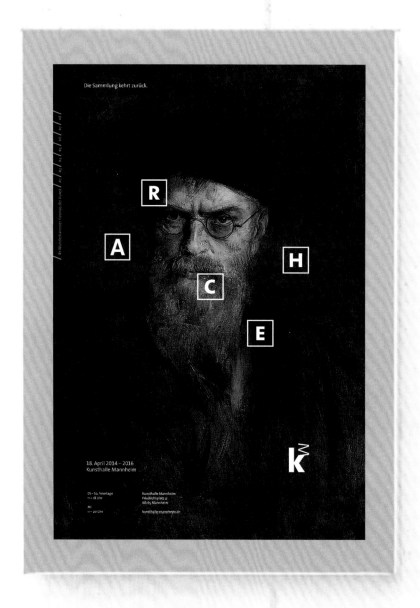

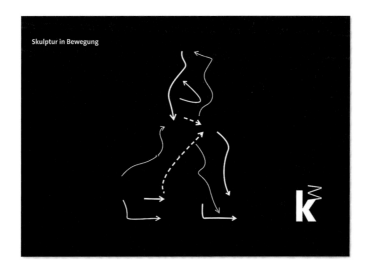

RUNNERS POINT

AUSZEICHNUNG

060

AGENTUR
dan pearlman Markenarchitektur GmbH

AUFTRAGGEBER
RUNNERS POINT Warenhandelsgesellschaft mbH

VERANTWORTLICH
Jork Andre Dieter, Creative Director
Nicole Benthin, Projektmanager

Mit dem Corporate Relaunch von *RUNNERS POINT* wurde ein Markenauftritt geschaffen, der durch mehr Dynamik und Leidenschaft, Authentizität und Spaß am Laufen heraussticht. Das neue Corporate Design drückt die Begeisterung der Marke *RUNNERS POINT* für seine sportliche Kundschaft und die neuen Markenwerte aus.

Im Zentrum der Umsetzung stand die Verschlankung des Logos und die Entwicklung der *Energy Zones,* die als Grafikelemente in Harmonie mit dem entwickelten Bildstil nicht nur die Hauptaussagen der Marke tragen, sondern das neue Design von *RUNNERS POINT* entscheidend prägen. Das Besondere der *Energy Zones* liegt in ihrer Formsprache: Entwickelt aus dem typischen Bewegungsablauf eines Läufers, zeichnen sie den Bereich der Körperteile nach, die sich beim Laufen in Bewegung befinden und somit Energiezonen erzeugen – direkt am Bewegungsursprung des Läufers. Sie verkörpern somit kein dekoratives Element im Rahmen der neuen Kommunikationsmittel, sondern spiegeln die Beratungskompetenz von *RUNNERS POINT* wider und unterstützen Hauptkommunikationsaussagen der Marke. Es wurde eine Designsprache geschaffen, die nicht näher am Läufer und dem Ursprung des Laufens hätte liegen können.

Till Brauckmann
Super Arbeit! Das Logo wurde up to date gebracht und die Marke in ein neues Gewand gekleidet, ohne auf Referenzen aus der Vergangenheit (Logo, Farbe) zu verzichten. Ein sehr einprägsames und nachvollziehbares Gestaltungssystem. Thumbs up!

Ansgar Seelen
Gelungenes Refreshment einer Marke – sauber durchdekliniert und medial variiert bis ins Retail und Staff Clothing. Unter Beibehaltung visueller Konstanten wie Farbe und Signetfragmente entstand eine zeitgemäße Adaption. Gute professionelle Leistung mit hohem Benefit fürs Unternehmen – Chapeau!

Tom Leifer
Ich muss mal wieder laufen gehen!

RUNNERS
POINT

Altes Logo

Überarbeitetes Logo

062

Überarbeitung der Typographie

Aufstrich bringt Dynamik

Energy Zones

YOUR WAY
OUR PASSION

LOREM IPSUM DOLOR SIT AMET
CONSETETUR SADIPSCING ELITR.

Lorem ipsum dolor sit amet, consetetur sadipscing elitr,
sed diam nonumy eirmod tempor invidunt ut labore et
dolore magna aliquyam erat, sed diam voluptua.

064

UVEX

AUSZEICHNUNG

066

AGENTUR
Tom Leifer Design

AUFTRAGGEBER
UVEX WINTER HOLDING GmbH & Co. KG

VERANTWORTLICH
Tom Leifer, Creative Direction
Alessandro Argentato, Art Direction
Steffen Bertram, Design
Dagmar Hugenroth, UVEX WINTER HOLDING

Der Claim „Protecting people" bringt auf den Punkt, was die *UVEX WINTER HOLDING* seit Gründung des Unternehmens im Jahr 1926 antreibt: die Entwicklung von hochwertigen und innovativen Produkten „made in Germany" zum Schutz des Menschen von Kopf bis Fuß in Sport, Freizeit *(uvex sports)* und Beruf *(uvex safety)*. Die *UVEX WINTER HOLDING GmbH & Co. KG,* mit Sitz in Fürth, ist ein deutsches Familienunternehmen und wird derzeit in der dritten Generation geführt. Jahrzehntelange Erfahrung und Anwendung neuester Technologien sowie die Forschung und Entwicklung neuer Materialien und Verfahren zeichnen die qualitativ hochwertigen Produkte von *uvex* aus. Ein Anspruch, den das frühere Erscheinungsbild nicht mehr zu vermitteln in der Lage war.

Der überarbeitete Unternehmnsauftritt führt das Traditionsunternehmen zurück zu seinen Wurzeln und verortet es wieder sichtbar in der Tradition der „German Design Culture". Das klar definierte Designsystem lässt sich sehr flexibel an unterschiedliche Bedürfnisse und Zielgruppen anpassen. Es entsteht ein vielschichtiges und prägnantes Corporate Design, das klar und eindeutig die Werte des Unternehmens transportiert. Ein starker Auftritt für ein starkes, modernes Traditionsunternehmen.

Boris Kochan
Prrreeesssllluuuffffttthhhaaaammmmeeerrr! Sehr saubere Arbeit. Wenn sich die plakative Typo mit der Bildsprache verbindet, entsteht eine große visuelle Kraft.

Michael Rösch
Prima. Die hohe Qualität der Produkte wird im neuen Corporate Design erlebbar – Ziel erreicht. Eine sehr moderne Auffassung von „Made in Germany".

Till Brauckmann
Eine Spitzeneinreichung. Hochprofessionell, kreativ – gestalterisch und werblich. Klasse!

uvex

protecting people

Logo

uvex

Claim

protecting people

068

Typografie

Regular
Bold

AaBbCcDdEeFfGgHhIiJjKk
LlMmNnOoPpQqRRrSsTtUu
VvWwXxYyZz1234567890
(!?»&«"§"$%)

„Columns
& Lines"

Linien

Vertikales Raster

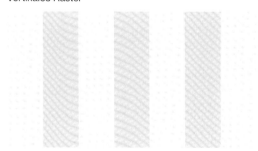

A. LANGE & SÖHNE

NOMINEE

072

AGENTUR
KW43 BRANDDESIGN

AUFTRAGGEBER
Lange Uhren GmbH

VERANTWORTLICH
Prof. Rüdiger Goetz, Managing Director Creation
Jürgen Adolph, Creative Director
Marc Schäde, Senior Art Director
Marcus Dorau, Senior Art Director
Max Messinger, Copywriter
Susan Mende, Design (A. Lange & Söhne)
Michael Rewald, Managing Director
Alexandra Sobota, Management Supervisor
A. Kobayashi und A. Frutiger (Typedesign)

Das überarbeitete Corporate Design für *A. Lange & Söhne* betont die Exklusivität, Einzigartigkeit und Perfektion der Luxusuhrenmarke. Nach dem Vorbild filigraner Feinuhrmacherei wurde eine sensible Optimierung der Logotype vorgenommen und eine Corporate Type entwickelt, welche die Geschichte des Unternehmens reflektiert und so selbst zum Teil der Markenidentität wird. Die Konzeption einer differenzierenden Bildsprache ermöglicht eine klare Trennung der einzelnen Produktlinien.

So entsteht ein zeitgemäßes Erscheinungsbild, das dem Niveau der traditionsreichen Uhrenmanufaktur in jedem Detail gerecht wird. In Verbindung mit einer übergreifenden Gestaltungssystematik wird so ein weltweit einheitlicher Markenauftritt sichergestellt.

Ansgar Seelen
Gelungene Evolution eines bereits solide gestalteten Markenauftrittes.

Gregor Schilling
Der Relaunch passt sehr gut zur Marke. Etwas tradiert, aber zielgruppengerecht. Die Bildsprache spiegelt den Anspruch des Unternehmens gut wider.

Uwe Broschk
Handwerklich hervorragend aufgeräumt. Edel.

074

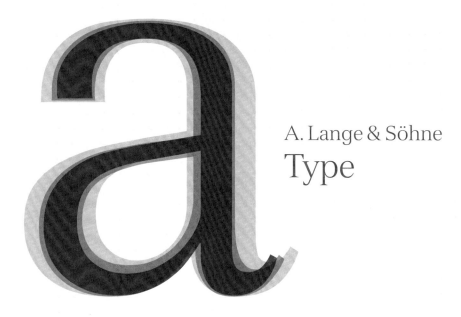

A. Lange & Söhne
Type

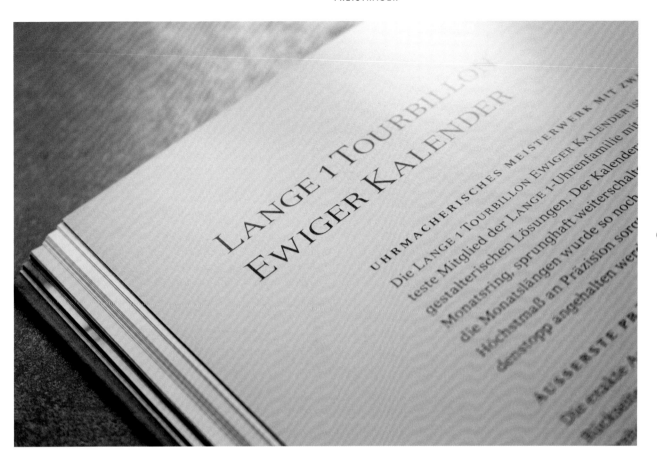

BABTEC

NOMINEE

076 AGENTUR
EIGA Design

AUFTRAGGEBER
Babtec Informationssysteme GmbH

VERANTWORTLICH
Elisabeth Plass, Creative Direction
Henning Otto, Creative Direction
Josefine Freund, Designer
Karol Gadzala, Designer
Claudia Schmidt-Seithe, 3-D Design
Florian Lapiz, Animation

Susanne Hermann, Babtec

Ziel des Markenrelaunchs war es, die Komplexität des Softwareprodukts und das übergeordnete Thema Qualität in einer stringenten visuellen Story zu erzählen.

Logo, Corporate Design, Bewegtbild sowie räumliche Inszenierung erzählen eine konsistente Geschichte von einem digitalen Produkt, das modular erweiterbar ist, dessen kleinster Baustein für komplexe, aber dennoch einfache, Lösungen sorgt.

Ausgehend von einer neuen, prägnanten Bildmarke – dem *Babtec-QUBE* –, leitet sich ein strukturiertes Gestaltungsprinzip ab, mit dem die vielfältigen Aspekte der Software in einfachen und klaren Bildern dargestellt werden können. Der *Babtec-QUBE (Qualität und Cube)* definiert auch das Basisraster der Corporate Illustration, spielt die Hauptrolle im Bewegtbild und dient insbesondere auch in der räumlichen Kommunikation, beziehungsweise in der Architektur, als Grundbaustein.

Die Bildmarke wird als neues Herzstück in allen Gestaltungselementen zitiert, ohne den Gesamtauftritt zu strapazieren, und ist darüber hinaus auch als losgelöstes Qualitätssiegel einsetzbar.

Das typografische Konzept schließt sich an und bereits am Aufbau und der Farbgebung von Headlines und Titeln erkennt man die Botschaften der Marke *Babtec*.

Henning Horn
Die Bildsprache ist modern und zielgruppengerecht,
wobei die Farbigkeit und die ordentliche Typografie für
die Branche im positiven Sinne ungewöhnlich sind.

Prof. Urs Fanger
Das grafische Spiel mit dem Logo hat illustrative
Qualitäten und verstärkt seinen Wiedererkennungswert.

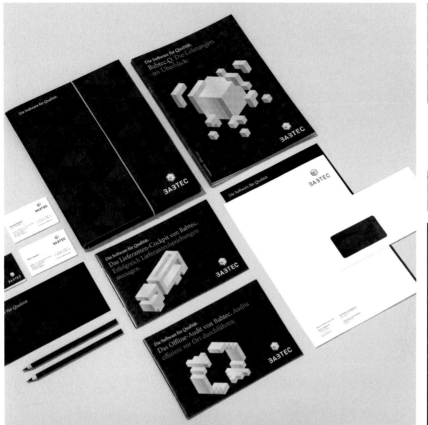

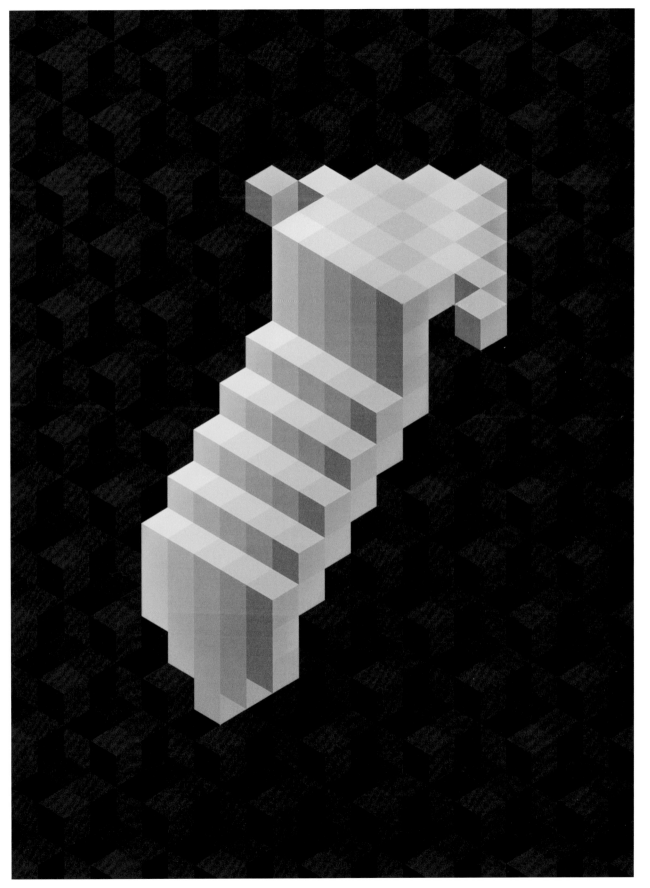

AUS BILFINGER BERGER WIRD BILFINGER

NOMINEE

080

AGENTUR
The Hamptons Bay – Design Company
Truffle Bay Management Consulting

AUFTRAGGEBER
Bilfinger SE

VERANTWORTLICH
Vit Steinberger, The Hamptons Bay
Christopher Wünsche, Truffle Bay
Martin Büllesbach, Bilfinger SE

Denken Sie bei *Bilfinger Berger* an einen Baukonzern? Das war einmal! In den vergangenen Jahren hat sich *Bilfinger Berger* vom Bau- zum Dienstleistungsunternehmen gewandelt. Rund 80 Prozent der Konzernleistung erwirtschaftet der M-Dax-Konzern im Dienstleistungsgeschäft – 80 Prozent, die von rund 300 Unternehmen erbracht werden, die zum großen Teil nicht als *Bilfinger Berger* erkennbar sind.

Mit der Neuausrichtung entwickelte sich ein klares Alleinstellungsmerkmal: Wie kein anderes Unternehmen kombiniert *Bilfinger* die Qualitäten des Ingenieurs mit der Haltung, Kundenorientierung und Leidenschaft des Dienstleisters. Diese einzigartige Kombination von Ingenieurwissen und Dienstleistungsmentalität findet in der neuen Positionierung dem Re-Naming und dem neu entwickelten Corporate Design ihren Ausdruck. Als Signal nach außen, und als Identifikationsfläche nach innen.

Alle Gestaltungselemente des Corporate Design folgen einem gestalterischen Leitmotiv – dem Komplementärprinzip. Es bündelt das neue Selbstverständnis und ermöglicht Vielfalt, Spannung, Orientierung und Harmonie auf allen Wahrnehmungsebenen der Kommunikation und profiliert die Marke *Bilfinger* aus ihrem tiefsten Selbstverständnis heraus.

Norbert Möller
Hier wurde ein Riesenschritt gewagt. Aus einem Baukonzern wurde ein Engineering-Unternehmen.

Tom Leifer
„In Beton gegossen" war gestern. Die lebendige Form hat Signalwirkung.

ULLRICH – KIEFERORTHOPÄDIE

AUSZEICHNUNG

084

AGENTUR
b.lateral GmbH & Co. KG

AUFTRAGGEBER
Dr. med. dent. Marc Ullrich

VERANTWORTLICH
Arne Schuldt
Markus Niedermann

Wer geht schon gerne zum Kieferorthopäden? Die meisten Patienten jedenfalls nicht, da sie in der Regel ein typisch steriler und vielleicht auch noch unangenehmer Arztbesuch erwartet. Diese Stimmung bekam auch *Dr. med. dent. Marc Ullrich* täglich in seiner Kieferorthopädiepraxis zu spüren und wollte daran unbedingt etwas ändern. Für seine Praxis wurde von *b.lateral* ein Corporate Design entwickelt, das sich vollflächig und kunterbunt von der Konkurrenz abhebt.

Das Ziel des Re-Designs war, das Unbeliebte attraktiver zu gestalten, die Atmosphäre zu verändern, kurzum: die Kluft zwischen Arzt und Patient zu schließen. Für die junge Zielgruppe wurde eine altersgerechte Kommunikationsstruktur entwickelt, mit der die Kommunikationsmittel den Patienten auf Augenhöhe begegnen – detailverliebt von Online bis Offline. Aufwendig produzierte Druckerzeugnisse erinnern charmant an Vergessenes und zaubern ein Lächeln ins Gesicht. Auch im Onlinebereich wurden neue Wege gegangen. Mit einem eigens entwickelten Chat können die jungen Patienten mit der Praxis auf eine ihnen vertraute Art und Weise kommunizieren. *Hey, Ullrich!*

Henning Horn
Das visuelle Konzept bewegt sich abseits aller Branchenklischees – und es funktioniert: ein wegweisendes Corporate Design!

Michael Rösch
Kleines Budget – großartige Arbeit. Hier hat sich jemand in die Sorgen von Jugendlichen hineingedacht und nimmt sie ihnen mit einem Feuerwerk an Farben. Sehr gut gemacht, besonders passend auch die Chat-Oberfläche zur Terminvereinbarung.

Christian Daul
Eine positive Überraschung! Design kann auch Ängste nehmen und Zugang erleichtern. Sonderpunkt für den schlauen WhatsApp-Zugang!

086

088

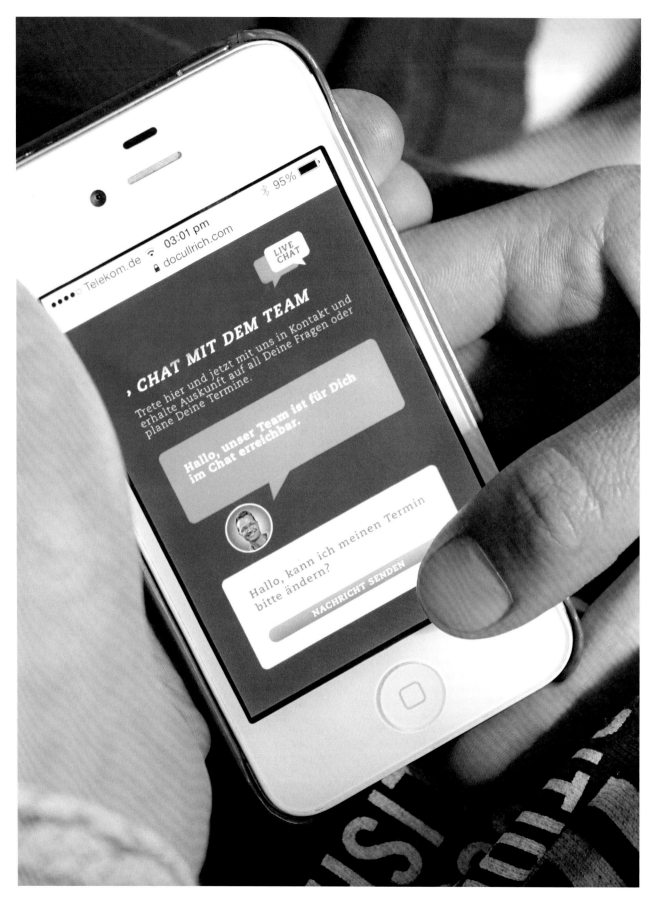

THÜRINGER ENERGIE

AUSZEICHNUNG

090

AGENTUR
KW43 BRANDDESIGN

AUFTRAGGEBER
Thüringer Energie AG

VERANTWORTLICH
Prof. Rüdiger Goetz, Managing Director Creation
Jürgen Adolph, Creative Director
Daniel Koval, Senior Art Director
Anna Kemper, Junior Art Director
Michael Rewald, Managing Director
Alexandra Sobota, Management Supervisor

Das Corporate Design für *Thüringer Energie* macht den Übergang von *E.ON Thüringer Energie* in den kommunalen Besitz mit einer starken neuen Identität nach außen sichtbar. Das neue Erscheinungsbild distanziert sich innovativ und klar von den üblichen Gestaltungsklischees der Energiebranche, indem es nicht versucht, Energie selbst darzustellen, sondern die Vielfalt und Lebendigkeit, die sie in unserem Leben ermöglicht.

Das neue Markenzeichen symbolisiert diese Vielfältigkeit sowie die Stabilität, Verlässlichkeit und Offenheit, die das Unternehmen verkörpert. Die eigenständige Farb- und Formgebung bewirkt eine stringente, lebendige Designsprache, die stets wiedererkennbar, vielfältig interpretier- und auf diverse Medien übertragbar ist.

Tom Albold
Sehr gut! Keine Magie, kein Tamtam, eine grundsolide, sehr gut funktionierende Arbeit. Das Logo passt zur Branche und ist doch anders als all die üblichen Flammen. Super stringente Umsetzung.

Mag. Martin Dunkl
Gelungenes Gesamtkonzept. Es bietet maximale Abwechslung und Variationsmöglichkeiten bei gleichzeitiger Selbstähnlichkeit und Kontinuität. Sehr prägnant.

Thüringer
Energie

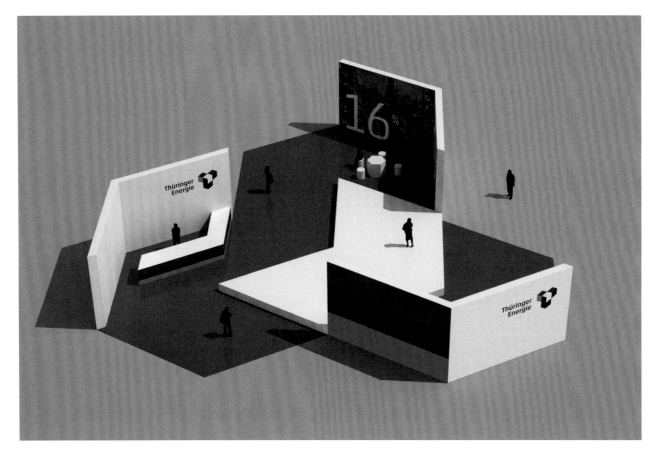

TYPE HYPE

AUSZEICHNUNG

AGENTUR
Strichpunkt Design

AUFTRAGGEBER
TYPE HYPE GmbH & Co. KG

VERANTWORTLICH
Kirsten Dietz
Jochen Rädeker
Alexandra Storr

TYPE HYPE verbindet hochklassiges Design, nachhaltige Manufakturherstellung aus Deutschland und das Lebensgefühl der Metropole Berlin mit individuellen Produkten von A bis Z – denn was *TYPE HYPE* in den Bereichen Paperware, Home Collection, Accessoires und Fine Food auf den Markt bringt, hat immer mit Buchstaben zu tun.

Jedes der Produkte gibt es in vier Designlinien von A bis Z und von 0 bis 9. Über 2.000 ausschließlich selbst entwickelte Produkte bieten sowohl der Onlinestore *www.type-hype.com* als auch das Ladengeschäft in der Rosa-Luxemburg-Straße 13 in Berlin-Mitte. Weil Schriftsetzer gegen den Bleistaub in der Luft früher Milch trinken mussten, wurde eine Milchbar in den Shop integriert. Für das innovative Konzept gab es den Titel *Store of the Year* des Einzelhandelsverbands Deutschland. Idee, Produktdesign sowie die komplette Umsetzung im Laden und online stammen von *Strichpunkt,* für die exzellente Qualität der Feinkostselektion steht der langjährige *Slow-Food*-Vorsitzende und international renommierte Gourmet- und Weinexperte *Otto Geisel.*

Prof. Urs Fanger
Brillante, neo-barocke typografische Identität. Die Radikalität der Umsetzung ist starker Tobak!

Wolfgang Seidl
Wenn Kommunikationsdesigner zu Produktentwicklern werden und der Typografie zu neuem Stellenwert im Packaging verhelfen, müssen wir alle jubeln! Hier treffen kanalübergreifende Konzeptstärke, höchster Gestaltungswille und unternehmerische Überzeugungstat aufeinander.

Claudia Fischer-Appelt
Perfekt für Typo-Nerds! Hier wird Klassik neu interpretiert, und zwar hochwertig und konsequent.

MÄRKISCHES VIERTEL BERLIN

NOMINEE

102

AGENTUR
Realgestalt GmbH

AUFTRAGGEBER
GESOBAU AG

VERANTWORTLICH
Anne Kohlermann, Creative Direction
Cornelius Mangold, Konzept, Strategie
Ana Medina Borges, Art Direction
Dave Hänggi, Art Direction
Markus Strümpel, Art Direction

Stefan Gericke, GESOBAU AG

Das Jubiläum und der Abschluss des größten energetischen Modernisierungsprojektes im deutschen Wohnungsbau wird mit medialer Wirkung gefeiert und ein auf die Zukunft gerichtetes Corporate Design soll die Heimatverbundenheit der fast 40.000 Bewohner von Berlins Großsiedlung stärken.

Das Herzstück unseres Corporate Designs ist der geviertelte Kreis, der die Grundlage eines Systems bildet. Das dynamische Logo entspricht dem kontinuierlichen Wandel des Bezirks. Es lässt sich glaubhaft anpassen und kann in die informellen Codes der Stadt- und Jugendkultur einfließen und weitergesponnen werden. Es ist sofort wiederzuerkennen und so facettenreich wie die Bewohner selbst: jung, alt, progressiv, konservativ, deutsch, international. Das Logo ist ein Sinnbild für die Individualität der Bewohner und zeigt gleichzeitig deren Vielfältigkeit. Es ist keine statische Komponente des Corporate Design; mit dem Viertelkreis wird eine Marke geschaffen und als lebendiger Organismus erfahrbar gemacht. Marke wird als Sammlung von Beziehungen verstanden: Die internen Beziehungen regen an die Marke zu leben und die externen erzeugen das Bild einer lebendigen Marke.

Mag. Martin Dunkl
Endlich ein dynamisches Logo beim Corporate Design Preis! Die Idee ist stark, logisch, vielseitig einsetzbar und ausbaufähig.

Till Brauckmann
Das Logo ist in seiner Einfachheit und Aussage genial. Auch die potentiellen Ableitungen für Veranstaltungsplakate, Flyer oder Installationen überzeugen. Die Vielfarbigkeit erschließt sich unmittelbar als Vielseitigkeit und kulturelle Vielfalt. Einfach Klasse.

 MÄRKISCHES VIERTEL

 MÄRKISCHES VIERTEL

 MÄRKISCHES VIERTEL

 MÄRKISCHES VIERTEL

 MÄRKISCHES VIERTEL

 MÄRKISCHES VIERTEL

 MÄRKISCHES VIERTEL

 MÄRKISCHES VIERTEL

105

COLOGNE INTELLIGENCE

NOMINEE

106

AGENTUR
ZWO rundum kommunikation GmbH

AUFTRAGGEBER
Cologne Intelligence GmbH

VERANTWORTLICH
Benjamin Arndt, Geschäftsführung / Kreativ Direktion
Friederike Gaigl, Art Direktion
Evelyn Brugger, Design
Timo Wadenpohl, Screendesign
Tim Schreiner, Programmierung

Das IT-Beratungsunternehmen *Cologne Intelligence* entwickelt Software-Lösungen, die den Bedürfnissen der Kunden auf den Leib geschnitten sind: individuell, pragmatisch und persönlich. Die Kölner können auf eine dreizehnjährige Erfolgsstory mit kontinuierlichem Wachstum zurückschauen. 2013 erfolgt eine interne Umstrukturierung, bei der die bisherigen Geschäftsbereiche zu eigenständigen Einheiten ausgebaut werden sollen. Dies erfordert die Professionalisierung des Außenauftrittes und die Schaffung einer klaren Markenarchitektur.

In mehreren Workshops arbeiten wir die Essenz der Marke heraus und entwickeln ein Dach- und Submarkensystem, welches die neue Struktur des Unternehmens abbildet. Die Gestaltung setzt auf grafische Klarheit, Authentizität in Sprache und Bild und hohe Flexibilität. Das Motiv der Klammer zieht sich wie ein roter Faden durch den neuen Markenauftritt – Sinnbild für Zusammenhalt nach außen und Beweglichkeit nach innen. Auf dieser Basis entstehen Geschäftspapiere, Mailings und ein umfassender Internetauftritt. Die neu geschaffenen Submarken sollen 2014 nach und nach am Markt eingeführt werden.

Michael Rösch
Ein genialer Ansatz aus dem C und dem I ein Designprinzip zu entwickeln. Eine hervorragende Grundidee!

Till Brauckmann
Absolut schlüssig, toll hergeleitet, eigenständig, überraschend und neu. So stelle ich mir ein Corporate Design vor.

Prof. Urs Fanger
Ein kraftvolles, inhaltlich überzeugendes und stringentes Corporate Design.

ADELLE SERIF
SEMIBOLD

Werkzeuge für das 21. Jahrhundert.

ADELLE SANS
REGULAR

Software, Apps und Algorithmen sind längst keine Werkzeuge mehr, die man nur gelegentlich bei der Arbeit oder im Haushalt einsetzt wie einen Schraubenzieher oder eine Waschmaschine. Im Gegenteil, die digitalen Helfer finden Sie heute praktisch überall: Sie arbeiten mal klein und praktisch in Ihrer Hand, Hosen- oder Laptoptasche, mal wuchtig in Rechnerfarmen und Servern.

COLOGNE
INTELLIGENCE

MOBILE
MINDS

DECISION
DESIGN

SOFTWARE
SOLUTIONS

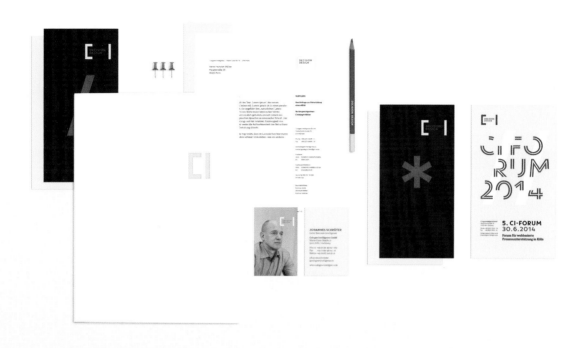

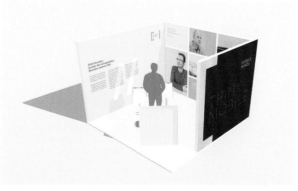

VISUAL IDENTITIES

/ CROSSMEDIA

/ MARKENINSZENIERUNG

/ NEUE MEDIEN

/ KAMPAGNENIDENTITÄTEN

/ PACKAGING DESIGN

/ INFORMATIONSDESIGN

/ VISUELLE AUTORENSCHAFT

/ IDENTITY EXPERIMENTE

BVE KIDS.
DIE KINDERGENOSSENSCHAFT

AUSZEICHNUNG

112 **AGENTUR**
EIGA Design

AUFTRAGGEBER
Bauverein der Elbgemeinden eG

VERANTWORTLICH
Elisabeth Plass, Creative Direction
Henning Otto, Creative Direction
Jutta Regenhardt, Designer
Madeleine Kahl, Designer
Josefine Freund, Designer
Thomas Kappes, Designer
Vincent Schwenk, Motion Design

Sönke Petersen, BVE

Als erste deutsche Baugenossenschaft gründet der *Bauverein der Elbgemeinden (BVE)* eine Kindergenossenschaft. Ziel der Genossenschaft ist es, die nachwachsende Generation an der Gestaltung der Wohn- und Lebensräume zu beteiligen und den Kindern zu vermitteln, was Wohnen, Bauen und Miteinanderleben in einer Großstadt bedeuten. Dafür wurde im Rahmen des Corporate Designs des *BVE* eine eigene Untermarke geschaffen.

Das Erscheinungsbild orientiert sich an der konstruierten, klaren Formsprache des Corporate Designs des Bauvereins der Elbgemeinden. Mit einer Welt unterschiedlicher, fantasievoller Charaktere – der Schornsteinfeger, der Klempner (Monster), die seltsame Tante, der *BVE*-Mitglieder-Beauftragte (Löwe im Zwei-Reiher) etc. – schaffen wir eine bunte Parallelwelt mit klaren Bezügen zum realen Leben der Kinder in den Quartieren des *BVE*.

Einige der Charaktere wurden von den Jugendlichen einer Ausbildungswerkstatt in Hamburg-Altona in Lebensgröße gebaut. Auf Veranstaltungen in den Stadtteilen geben sie den Events einen plakativen Rahmen.

Christian Daul
Absolut überzeugend. Bitte aus den Augen der jungen Zielgruppe betrachten!

Gregor Schilling
Gute Ableitung mit sehr starken visuellen Elementen und hoher Wiedererkennbarkeit in einem ganz eigenen grafischen Stil. Sehr gut!

Boris Kochan
Extrem gute Fortsetzung und Übersetzung des Corporate Designs. Zielgruppengerecht!

113

114

115

EHINGER KRAFTRAD

AUSZEICHNUNG

118

AGENTUR
Studio Oeding GmbH

AUFTRAGGEBER
Ehinger Kraftrad

VERANTWORTLICH
Katrin Oeding
Uwe Ehinger

Daniel Cramer, Fotografie
Noshe, Fotografie

Die Motorradmanufaktur *Ehinger Kraftrad*, 2008 von *Uwe Ehinger* und *Katrin Oeding* gegründet, entwirft Designkonzepte für Motorräder, Motorradteile und Mode mit einzigartigen und innovativen Lösungen, die mit Präzision, höchster Qualität und reduziertem Design realisiert werden.

Dabei verbindet *Ehinger Kraftrad* traditionelles deutsches Handwerk mit innovativen Hightech-Lösungen. Im gesamten visuellen Auftritt spiegelt sich diese enge Verbundenheit zu hochpräziser Handarbeit wider. Das reicht von der Auswahl des Papieres einer der letzten deutschen Papiermanufakturen über die Gestaltung der Website bis zum minimalistischen Design der Motorräder.

Prof. Urs Fanger
Ein kraftvolles Corporate Design für Krafträder – es riecht förmlich nach Benzin, Leder und Karrenschmiere.

Claudia Fischer-Appelt
Coole Umsetzung für eine coole Marke. Gut fokussiert auf Handarbeit und das präzise gearbeitete Produkt. Auch durch die scharfe Bildsprache: sehr männlich.

Till Brauckmann
Sehr hippe Letterpress-Optik, archaisch und wertig. Ein Retrodesign, das perfekt zur Marke passt. Das macht Spaß!

120

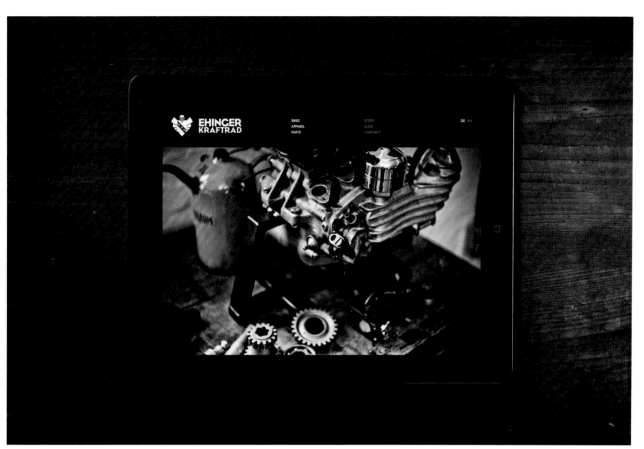

123

PARADOR BODEN MAGAZIN

AUSZEICHNUNG

124

AGENTUR
Martin et Karczinski GmbH

AUFTRAGGEBER
Parador GmbH & Co. KG

VERANTWORTLICH
Peter Martin, Creative Direction
Daniel Karczinski, Chief Editor
Ingo Mocek, Chief Editor
Daniela Fritzsch, Art Direction
Marcus-Florian Kruse, Art Direction

Urban Zintel, Berlin, Photography

In Gestalt eines Magazins transportiert *BODEN* subtil die Werte von *Parador,* dem Hersteller hochwertiger Bodenbeläge aus dem Münsterland. Ganz der Vision *Paradors* verpflichtet, jedes Zuhause zum Schönsten Zuhause der Welt zu machen, beleuchtet die 148-seitige Ausgabe über fünf Reportagen europaweit Locations und ihre Bewohner. Dabei stehen immer Geschichten rund um die Böden im Mittelpunkt. Das Magazin lehnt sich nur leicht an das Corporate Design *Paradors* an. Es unterscheidet sich in Schrift- und Farbwahl sowie in der Bildsprache bewusst vom Erscheinungsbild der *Parador* Produktmedien. Kontrastreiche Reportage- und Interiorfotografien bringen die Schönsten Zuhause der Welt zur Geltung – anspruchsvoll, natürlich und echt. Ein modernes Farbkonzept in Neongrün und ergänzende Illustrationen unterstreichen die junge und progressive Seite *Paradors.* Sogenannte *Big Scans,* über drei Seiten laufende Makroaufnahmen der Location-Böden, greifen die Kernkompetenzen des Unternehmens auf. Inhaltlich besticht *BODEN* durch anspruchsvolle und informative Beiträge rund um die besuchten Locations.

Till Brauckmann
Das BODEN Magazin von Parador und die BODEN Magazin App (siehe Seite 130) sind überzeugende Bausteine für eine hervorragende Markenarbeit. Das hochwertige Editorial-Design und die subtile App-Gestaltung zeigen, wie sich durch Device-übergreifende Kommunikation die Visual Identity der Premiummarke aktuell halten lässt.

Uwe Hellmann
Zum Thema Corporate Design gehört auch die Frage, wann und wie Unternehmen hinsichtlich ihres visuellen Auftritts leisere Töne anschlagen sollten. Bei diesen beiden Corporate-Publishing-Beiträgen von Parador gelingt dies aufs Beste: Tolles Editorial Design, tolle Fotos – so präsentiert sich Parador nur dezent, aber umso wirkungsvoller.

126

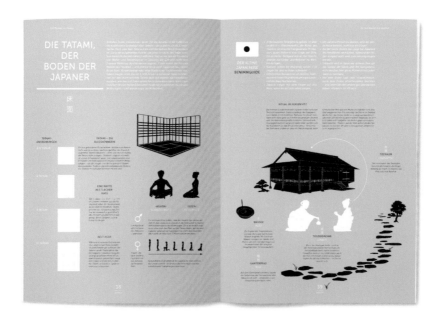

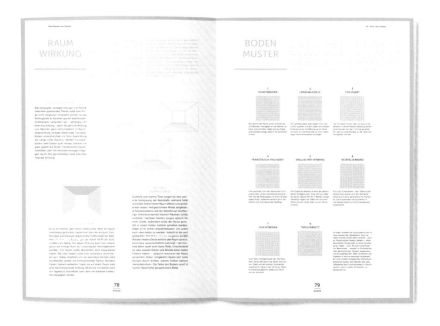

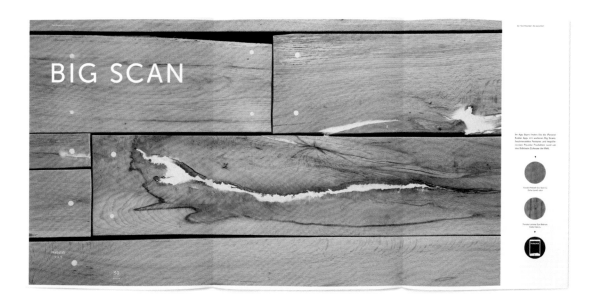

PARADOR BODEN
MAGAZIN APP

AUSZEICHNUNG

130

AGENTUR
Martin et Karczinski GmbH

AUFTRAGGEBER
Parador GmbH & Co. KG

VERANTWORTLICH
Peter Martin, Creative Direction
Daniel Karczinski, Chief Editor
Ingo Mocek, Chief Editor
Daniela Fritzsch, Art Direction
Marcus-Florian Kruse, Art Direction

Urban Zintel, Berlin, Photography

Auf faszinierende Weise greift die *Parador BODEN Magazin App* das Thema der gleichnamigen Printausgabe auf – „Das Schönste Zuhause der Welt" / „Die Schönsten Böden der Welt" – und bietet einen Mehrwert durch zusätzliche multimediale Features wie Videos, Sound und Animationen. Die App ist dabei keinesfalls eine digitale Kopie des gedruckten Magazins. Vielmehr liefert sie dem User ein Erlebnis, das die Wirkung des Magazins unterstützt und sogar verstärkt. Und durch den Wechsel von Hoch- zu Querformat kann die App auf zwei komplett unterschiedlichen Ebenen, inspirativ oder informativ, erlebt werden. Die kostenfreie App und ihre Inhalte lehnen sich nur leicht an das Corporate Design der Marke *Parador* an. Stattdessen unterstreicht sie durch ein modernes Farbkonzept und innovative Features die junge und progressive Seite *Paradors*. Obwohl die *Parador BODEN Magazin App* ein Corporate-Medium ist, drängen sich die *Parador*-Produkte nicht in den Vordergrund. Vielmehr unterstreicht das holzverarbeitende Unternehmen durch die App seine Leidenschaft und Expertise für Böden, Holz und Interior auf subtile Weise anhand von unternehmensfernen Reportagen.

Uwe Hellmann
Die App lässt den User tatsächlich selbst entscheiden, ob Inspiration oder Information im Vordergrund stehen sollen – was die Gestaltung jeweils angenehm unterstützt. Damit zeigt Parador, wie sich die digitalen Möglichkeiten flankierend zum Printmedium sinnvoll nutzen lassen, um Zugangsmöglichkeiten zur Marke zu erweitern und zu intensivieren.

132

134

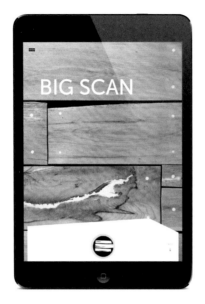

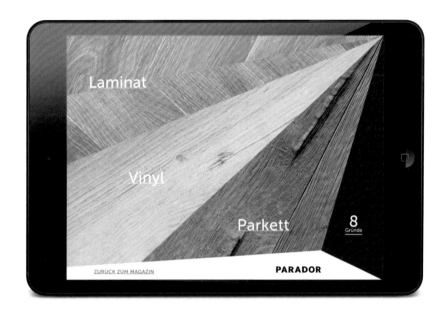

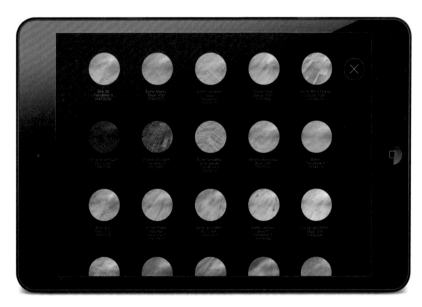

ADIDAS STRIPES

NOMINEE

136 **AGENTUR**
EIGA Design

AUFTRAGGEBER
adidas AG

VERANTWORTLICH
Elisabeth Plass, Creative Direction
Henning Otto, Creative Direction
Marco Müller, Designer
Jutta Regenhardt, Designer
Karol Gadzala, Designer

adidas AG
Kadie Casey
Simone Dumhard
Daniel Felke

Der visuelle Auftritt der neuen Mensa mit dem Namen *STRIPES* der *adidas Group* verleiht ihr ein eigenes, prägnantes Design. Er sorgt für eine schnelle Orientierung – sowohl im Gebäude als auch bei der alltäglichen Zusammenstellung des Mittagsmenüs.

Nachdem die *adidas Group* seit vielen Jahren ein vielseitiges Sportangebot für Mitarbeiter fördert, rückt sie nun auch das Thema Ernährung in den Mittelpunkt. Die unterschiedlichen Menü-Linien wurden gemeinsam mit *Holger Strohm*, dem Koch der Fußball-Nationalmannschaft, entwickelt. Zur klaren Unterscheidung erhält jedes Konzept ein eigenes Logo und auch an den Gerichten weist ein Piktogrammsystem Zutaten und Inhaltsstoffe aus. Ein Orientierungssystem sorgt während der allmittäglichen Rushhour für klare Informationen und einen strukturierten Ablauf. Grafikelemente an den Wänden und auf den Möbeln sowie das Design der Infoscreens runden den im gesamten Konzept konsequent umgesetzten visuellen Auftritt ab.

Henning Horn
Frisch, appetitlich und sympathisch: Das Design kommuniziert, was es soll – unaufdringlich und ohne den Gastgeber adidas zu erwähnen.

Michael Rösch
Pause von adidas. Gut gemachtes, fröhlich und gesund wirkendes Design im angesagten Vintage-Look.

PURE

RICH IN
ANTIOXIDANTS

WORKS
MIRACLES!

STRIPES

137

SUPER FOOD

FOOD THAT BOOSTS
YOUR HEALTH

CONTAINS
LACTOSE

CONTAINS
MUSTARD

CONTAINS
SULFUR DIOXIDE

CONTAINS
CRABS

CONTAINS
EGGS

CONTAINS
SESAME

CONTAINS
NUTS

CONTAINS
PEANUTS

CONTAINS
FISH

CONTAINS
MOLLUSCS

CONTAINS
SOJA

CONTAINS
GLUTEN

DA SILVA GASPAR

NOMINEE

140

AGENTUR
Bloom GmbH

AUFTRAGGEBER
Da Silva Gaspar Trading GmbH

VERANTWORTLICH
Per Eder

Da Silva Gaspar steht für die Renaissance einer Tradition, überträgt das Handelshaus doch die ruhmreiche portugiesische Kaufmannstradition des Salz- und Gewürzhandels in die Moderne und vereint dabei Natur und Handwerk zu einem Hochgenuss. Eben dieses Wiederaufgreifen einer Tradition in einer Marke galt es umzusetzen.

Ziel war die Entwicklung einer Marke und des entsprechenden Brand Designs für das Handelshaus *Da Silva Gaspar*. Im Fokus: die portugiesische Tradition des Salz- und Gewürzhandels als wesentlicher Bestandteil der ruhmreichen Geschichte Portugals – einem Land der Seefahrer und Entdecker. Zielgruppe: Männer und Frauen ab 30 Jahren, Genussmenschen mit Sinn für Design und Ästhetik sowie einer Affinität zu Qualitätsprodukten und deren Herkunfts-/Markengeschichte. Kreative Leitidee: eine Neuinterpretation klassischer portugiesischer Elemente (wie Siegel und Wappen) sowie der Nähe zum Meer und deren Übersetzung in die Moderne.

Die Brand Identity für ein Gourmetprodukt unter besonderer Berücksichtigung der Landesgeschichte mit seinen Traditionen und Emotionen wurde eindrucksvoll umgesetzt.

Ludwig Schönefeld
Liebevoll und gut gemacht. Das Design strahlt Kompetenz, Wärme und Tradition aus. Diesem Label kann man vertrauen. Ziel erreicht.

Prof. Urs Fanger
Ein atmosphärisch herausragendes Corporate Design, das alle Ingredienzien eines stimmigen Designs einlöst.

141

TECHNOPARK

NOMINEE

144   AGENTUR
Ippolito Fleitz Group – Identity Architects

AUFTRAGGEBER
Technopark

VERANTWORTLICH
Gunter Fleitz
Peter Ippolito
Frank Faßmer
Axel Knapp
Martin Berkemeier
Anatolij Gutsch
Felix Rabe

Partner
Saad Khayar
Skalecki Marketing & Kommunikation

Die russische Elektronikmarktkette *Technopark* beauftragte einen ganzheitlichen Relaunch für Markenauftritt, Corporate und Storedesign. Im Markenkern definieren wir *Technopark* als Provider für ein schönes, genussvolles und aufregendes Leben - mit einem ausgewählten Angebot an Technik, die genau das ermöglicht. Das Design und der Claim „electronic lifestyle" setzen diesen Anspruch prägnant und merkfähig um.

Als neue Markenfarbe wurde Blau definiert wobei die Farbwahl passend die technische Welt reflektiert. Das Innenraumkonzept schafft eine klare Zonierung der Produktwelten. Deckenschilder, die über ein blaues Lichtband miteinander verbunden sind, leiten den Kunden in die Abteilungen, in denen er von Plakaten mit emotionalen Motiven empfangen wird. Das Erlebnis wird unterstützt durch eine Installation aus Leuchtkuben, die eine dreidimensionale Pixelwelt im Raum bilden. Für den Online-Shop wurde ein Designkonzept entwickelt, das die visuellen Merkmale des neuen Corporate Design adaptiert und eine einfach verständliche Benutzerführung ermöglicht. Das klar gegliederte Layout betont den hochwertigen Anspruch der Marke.

Till Brauckmann
Da passt einfach alles: Der Absender ist perfekt herausgearbeitet und ideal auf die Zielgruppe abgestimmt. Eine sehr umfangreiche und hochprofessionelle Arbeit.

Henning Horn
Ein sehr sauber gemachtes, technisch-kühles Corporate Design, das mit einer für die Branche ungewöhnlichen Bildwelt arbeitet.

Claudia Fischer-Appelt
Irre, welchen Sprung die Marke gemacht hat!

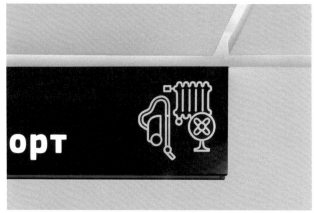

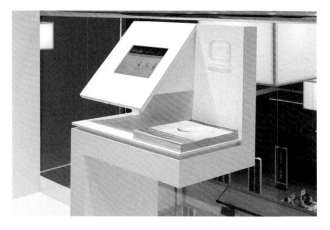

ARMSTRONG MESSESTAND BAU 2013

AUSZEICHNUNG

148

AGENTUR
Ippolito Fleitz Group – Identity Architects

AUFTRAGGEBER
Armstrong DLW GmbH

VERANTWORTLICH
Peter Ippolito
Gunter Fleitz
Tim Lessmann
Tanja Ziegler
Alexander Assmann
Sungha Kim

Auf der *Bau 2013* fokussiert *Armstrong DLW* seinen Auftritt auf die Produktpalette für Linoleum und Vinyl. Dabei sollen zum einen die neuen Kollektionen vorgestellt und zum anderen jüngere und experimentierfreudige Nutzerschichten unter den Architekten für die Materialien sensibilisiert werden.

Der Stand funktioniert als Kommunikationsplattform, der die Kompetenz des Unternehmens in visuell beeindruckender Form inszeniert. Sämtliche Oberflächen werden durch ein komplexes, streng geometrisches Verschnittmuster aus unterschiedlichen *Armstrong-Materialien* belegt. Auf der großen Rückwand, hinter der die Nebenräume organisiert sind, entfaltet ein großformatiges abstraktes Farben- und Formenspiel perspektivische Wirkung. Von hier aus überzieht die Raumgrafik den gesamten Boden, den Empfangstresen und die Besprechungstische. Der offene Kommunikationsbereich aus Tischen und Tresen wird durch ein gefaltetes Deckenelement markiert und gefasst. Bei diesem findet die zweidimensionale Struktur der Raumgrafik ihre dreidimensionale Entsprechung. Ein polygonales Podest schafft innerhalb des Stands eine ruhigere Kommunikationszone.

Wolfgang Seidl
Fresh! Eine zeitgemäße, designorientierte Raumgestaltung, bei der die Marke mit wenig Tamtam erlebbar gemacht wird. Top!

Prof. Urs Fanger
Schöner Verschnitt von Anthroposophie und Pop mit starker visueller Präsenz für die Marke.

Ansgar Seelen
Verner Panton und Anton Stankowski hätten ihre helle Freude!

152

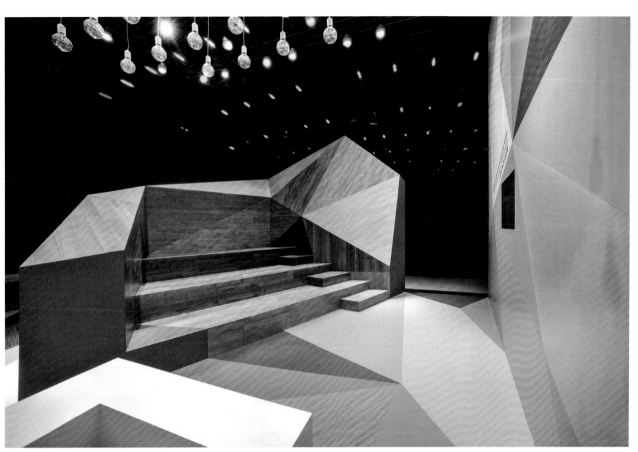

153

OCCHIO EVOLUTION PLUS

AUSZEICHNUNG

154

AGENTUR
Martin et Karczinski GmbH

AUFTRAGGEBER
Occhio GmbH

VERANTWORTLICH
Peter Martin, Creative Director
Simon Maier-Rahmer, Art Director
Nina Hürlimann, Design

Jürgen Drändle, Drändle 70|30, Geschäftsführer

Alle zwei Jahre wird der Markenkern von *Occhio* – „*light is evolution*" – auf der *Light + Building* neu interpretiert. Ziel des Standes *evolution plus* ist es, den stets neu entstehenden Kunden-Benefit aus der kontinuierlichen Weiterentwicklung des Leuchtensystems aufzuzeigen und der Markenidentität entsprechend zu transportieren. Neun Plus-Zeichen transportieren die aktuellen Botschaften der Marke – wichtige Themen wie Qualität, Gestaltung oder Nachhaltigkeit werden über Headlines wie „plus design" oder „plus value" auf den Zeichen gespielt. Der in Marken- und Produktebene geteilte Stand setzt mit seinem mutigen Konzept im besten Sinne des Wortes ein Zeichen. Dank einer spektakulären Gestaltung lässt das Messekonzept die Marke und ihre Werte sprechen – nicht nur das bloße Produkt, wie so oft. Bezugnehmend auf den Begriff „Evolution" („light is evolution") und kontinuierlicher Markenarbeit verpflichtet, bindet Occhio das Markenthema „Natur" immer wieder neu in seine Messeauftritte ein. Die übergeordnete Kommunikation steht im Mittelpunkt des Standes, wodurch sich seine äußere Form ergibt. Gleichzeitig bleibt die Regel gewahrt, dass die dreidimensionale Gestaltung der Marke folgen muss.

Till Brauckmann
Beeindruckend und stilsicher. Das Pflanzenelement lockert die technisch-sterile Atmosphäre angenehm auf. Sehr professionell, aber eigenständig genug, um sich vom eigentlichen Occhio-Corporate-Design emanzipieren zu können. Klasse!

Ansgar Seelen
Puristisch. Unique. Gelungen. Guter Transfer der Haltung und der Produktdesignsprache auf den Messeraum.

Michael Rösch
Wenn sich unser Corporate-Design-Wettbewerb erweitert, dann ist dieser Messestand das perfekte Beispiel für die gelungene Inszenierung einer Marke. Eine Riesen-Idee!

158

JUBILÄUMSAUSGABE VI5IONS 15 JAHRE KUNSTHALLE DEUTSCHE+GUGGENHEIM

AUSZEICHNUNG

AGENTUR
Peter Schmidt Group

AUFTRAGGEBER
Deutsche Bank AG

VERANTWORTLICH
Peter Schmidt Group
Gregor Ade, Managing Partner
Christina Schirm, Creative Director
Dörte Fischer, Senior Designer
Dr. Christian Kosfeld, Executive Director Strategy

Deutsche Bank AG
Sara Bernshausen
Britta Färber
Friedhelm Hütte
Jennifer Knox White
Kara Mason
Jon Shelton
Angelika Thill

Anlässlich des 15-jährigen Bestehens beauftragte die *Berliner Kunsthalle Deutsche + Guggenheim* eine retrospektive Publikation, die als Dank an die wichtigsten Projektbeteiligten – insbesondere an die mitwirkenden Künstler – ausgehändigt wurde. Der Titel *VI5IONS* besitzt einen starken Logocharakter und verbindet den Namen der ersten Ausstellung *Visions of Paris* mit dem der Jubiläumsausstellung *Visions of Modernity,* zwischen denen 15 Jahre einer außergewöhnliche Kooperation der *Solomon R. Guggenheim Foundation* und der *Deutschen Bank* liegen.

Der Gedanke des „Verbindens" zieht sich durch das gesamte Design der Publikation, transportiert die Zusammenarbeit beider Institutionen sowie die Interaktion zwischen Haus, Künstlern und Besuchern: Durch ineinanderfließende Texte, Überlagerungen und verschachtelte Inhalte werden diese Verbindungen sichtbar. Dabei bleibt die Publikation immer übersichtlich. Das großzügige Format räumt den Arbeiten zudem gebührend Raum ein.

VI5IONS umfasst über 250 Seiten, ist bis ins Detail äußerst liebevoll gestaltet, hochwertig produziert und aufwendig verarbeitet. Eine Danksagung, wie sie einer langjährigen und immer wieder überraschenden Kooperation gebührt.

Uwe Broschk
Die Grundidee, die Kooperation von Deutscher Bank und Guggenheim durch die gestalterische Strategie des Verbindens zu visualisieren, führt zu einer spannungsreichen Gestaltung.

Christina Nitschke
Die gestalterische Idee des Verschränkens und Verschachtelns ist so subtil umgesetzt, dass sie sich dennoch nicht in den Vordergrund drängt, sondern den abgebildeten Kunstwerken genug Raum gibt, ihre Wirkung voll zu entfalten.

DEUTSCHE+GUGGENHEIM

VI5IONS

FIFTEEN YEARS OF PIONEERING SPIRIT

DEUTSCHE BANK AND
SOLOMON R. GUGGENHEIM
FOUNDATION

Brought to you by Deutsche Bank and
the Solomon R. Guggenheim Foundation

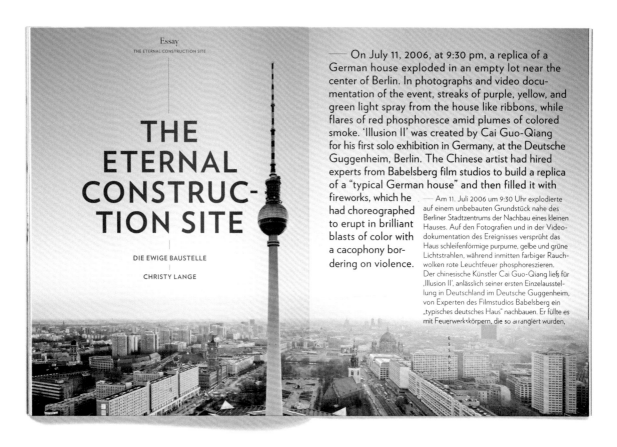

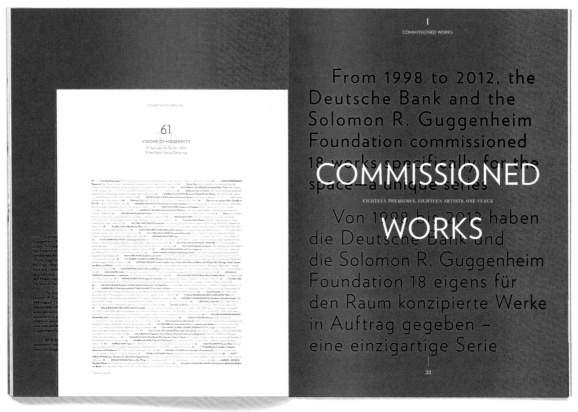

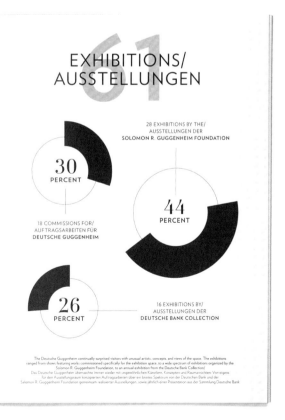

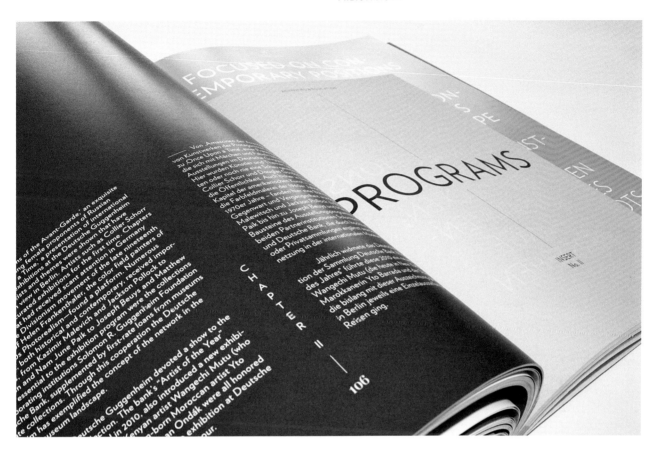

MERCEDES-AMG
MARKENSTUDIO

NOMINEE

166

AGENTUR
Bruce B. live communication GmbH

AUFTRAGGEBER
Mercedes-AMG GmbH

VERANTWORTLICH
Mercedes-AMG GmbH
Vanessa Högerle, Marketing Communication / Branding

Beim *Mercedes-Benz Global Communication Forum 2013* trafen Marketingverantwortliche aus der ganzen Welt zusammen. Im 30-Minuten-Takt wechselten die Teilnehmer in Kleingruppen von Raum zu Raum und tauschten sich mit verschiedenen Abteilungen aus.

Aufgabe der Rauminszenierung war, die Besonderheiten der High-Performance-Marke von *Mercedes-Benz* intuitiv erfahrbar zu machen. Die Exklusivität der *AMG*-Fahrzeuge sollte sinnlich vermittelt und der Engineering-Anspruch im Raum erfahrbar werden.

Um die wenig inspirierende Atmosphäre des nüchternen, knapp 50 Quadratmeter großen Konferenzraums auszublenden, implementierte *Bruce B.* eine Raum-in-Raum-Installation. Die Designer ließen sich vom Logo der Premiummarke aus Affalterbach zu einer Formensprache aus Winkeln und Rauten inspirieren.

Zugleich legte die Inszenierung den Fokus auf das dialogische Format der Veranstaltung. Dafür entwarfen die Architekten und Designer ein flexibles Loungemöbel, dessen Sitzbänke ausgefahren werden konnten. Die Tischoberfläche konnte als Whiteboard beschriftet werden.

Eine eigens komponierte Soundcollage vereinte Klänge und musikalische Motive mit dem unverwechselbaren Sound der *AMG*-Fahrzeuge.

Till Brauckmann
Schön, dicht, technisch und aufregend durchgestylt. Könnte aus einem Science-Fiction-Film sein. Passt zur Marke und zum Anspruch.

Susanne Marell
Dieses edle, futuristische, stylische Corporate Design wird der Zielgruppe gefallen!

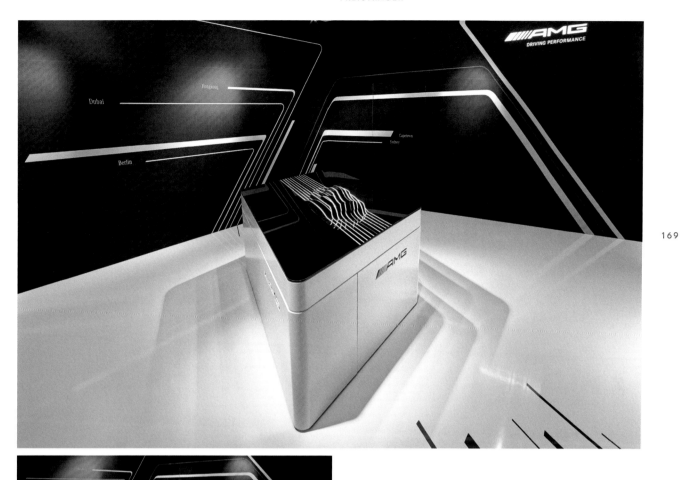

169

99 REASONS WHY THE NEW SCREENAGERS WEBSITE IS NOT ONLINE YET

AUSZEICHNUNG

170 AGENTUR
screenagers

AUFTRAGGEBER
screenagers

VERANTWORTLICH
Stefan Rasch, Creative Director
Verena Stummer, Art Director
Roman Huy-Prech, Technical Director
Deniz Arslan, Film
Elder Roche, Musik
Philipp Grausam, Kamera

Die eigentliche Aufgabe: eine neue Corporate Website. Gründe, warum dies schwierig, wenn nicht gar unmöglich ist, gibt es genug. 99 sind uns spontan eingefallen. Diese darzustellen, war verblüffenderweise gar nicht so schwer, und was dabei herausgekommen ist, sollte noch eine Zeitlang den Posten der *Under Construction Site* einnehmen können.

Schließlich reden wir hier von einem HTML5 Canvas Video-Experiment mit Mobile/Tablet-Integration und allem Drum und Dran. Aber sehen Sie selbst:

reasons.screenagers.at

Michael Rösch
Das ist eine als „Coming-Soon-Website" verkleidete fertige Website! Hier kommt die Identität der Agentur emotional voll rüber. Sie ist hip, kreativ und ein bisschen verrückt – und spricht ihre Zielgruppe sicherlich genau an.

Boris Kochan
So hat man sich doch früher Werbung vorgestellt: immer hip. Und diese Kreativen nehmen sich auch noch selbst auf den Arm: fein! Sonderpreis für Kurzweiligkeit – und wahrscheinlich: Selbstähnlichkeit.

Wolfgang Seidl
Brand-Aura und -Haltung sind hier kanalgerecht inszeniert, und zwar bis tief in die (Bewegt-)Bildsprache. Der beste Menüeintrag: „learn more about us, or, find another agency". Groß!

172

174

WEBSITE JAN-KATH

AUSZEICHNUNG

176

AGENTUR
Oktober Kommunikationsdesign

AUFTRAGGEBER
Jan Kath Design GmbH

VERANTWORTLICH
Ingo Neuburg
Chris Jahn
Natascha Judel
René Wynands

Wir haben ein großes Experiment gewagt, dessen Ergebnis jetzt in Form der vielleicht unkonventionellsten Website vorliegt, die wir je entworfen und programmiert haben: *jan-kath.de*. Es ist inzwischen unsere dritte Website für den renommierten Luxusteppich-Hersteller. Da die beiden Vorgänger Maßstäbe im Webdesign ihrer Zeit setzten, war der Innovationsanspruch an die neue Seite enorm. Doch ohne Experiment, ohne Mut und ohne den beherzten Bruch von Konventionen, ist Neues nicht möglich. Daher haben wir alles anders gemacht, als es auf normalen Websites üblich ist: Die Scroll-Richtung, die Navigation und das Seitenlayout. Auf *jan-kath.de* zu surfen ist eine völlig neue Erfahrung, die allerdings nicht Selbstzweck ist, sondern spielerisch und intuitiv die Markenwerte von *Jan Kath* vermittelt.

Wolfgang Seidl
Scroll oder swipe – das reicht. Markenkommunikation, die modern ins Web verlängert ist. Spielerisch und intuitiv für jedermann zu bedienen. Das ist die Zukunft im Web!

Michael Rösch
Eine phantastische responsive Website, bei der auch die Vernetzung mit anderen Medien deutlich wird. Zu jeder Teppichlinie werden hier Geschichten erzählt – mit sensibel bearbeiteten Bildern, die perfekt zur Story passen.

Prof. Urs Fanger
Stark – hier wird Corporate Design nicht stempelartig praktiziert, sondern intuitiv und spielerisch durch eine visuelle Aura.

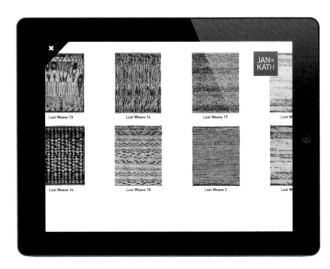

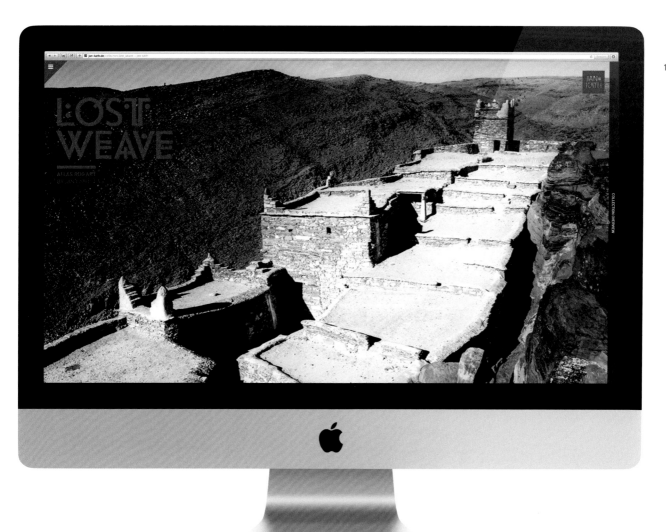

180

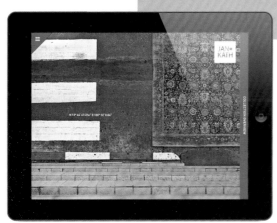

WORLD OF MATTER

AUSZEICHNUNG

AGENTUR
labor b designbüro

AUFTRAGGEBER
World of Matter
Ursula Biemann, Uwe H. Martin

VERANTWORTLICH
labor b designbüro

World of Matter beschäftigt sich mit den Auswirkungen globalisierter Rohstoff- und Ressourcenkreisläufe. Als interdisziplinäres Kunst- und Medienprojekt internationaler Künstler und Forscher beleuchtet *World of Matter* unterschiedliche Themenkomplexe und macht so eindrücklich auf weltumspannende Wechselwirkungen aufmerksam.

Mit der neu entwickelten Webseite soll Interessierten ein unmittelbarer Einstieg in die vielschichtige Thematik ermöglicht werden – unabhängig vom jeweiligen Wissensstand. Daher wurde bei der Konzeption besonderer Wert auf Übersichtlichkeit und Reduktion gelegt. Das Zentrum bildet ein umfangreiches Multimedia-Archiv, welches die vielen Projekte und Medien in „Cluster" organisiert. Dank des *Media Trail* genannten Überblicks über die bisher angesehenen Medien und der anschaulichen Verortung der Projekte auf einer Weltkarte fällt die Orientierung jederzeit leicht. Umgekehrt laden Querverweise, eine komplexe Stichwort-Suche und die konsequente Verschlagwortung der Inhalte den Besucher dazu ein, sich in den Themenfeldern zu „verlieren" und ungeahnte Relationen selbst aufzudecken.
www.worldofmatter.net

Henning Horn
Grandios! Da ersurft man sich gerne die Informationen!

Gregor Schilling
Klarer Grundaufbau, Fokus auf Bild und Story. Die zurückhaltende, großzügige Gestaltung mit viel Weißraum funktioniert sehr gut und stellt die Fotos und Inhalte in den Vordergrund.

Till Brauckmann
Großartiges Bildmaterial, mit journalistischem Tiefgang angereichert, wird hier in einen konzeptionell überzeugenden und gestalterisch adäquaten Rahmen gepackt. Mehr muss nicht, weniger kann nicht. Spitze!

184

BLACK GOLD

NIGER DELTA – ENVIRONMENTAL

An oil spill from an abandoned Shell Petroleum Development
Company well in Oloibiri, Niger Delta.

WHITE GOLD – KILLING SEEDS

SUICIDE CYCLE

During the peak season Mahada Bai harvests little yield of
BT-Cotton. The high costs of seeds and fertilizers forced her
husband into suicide.

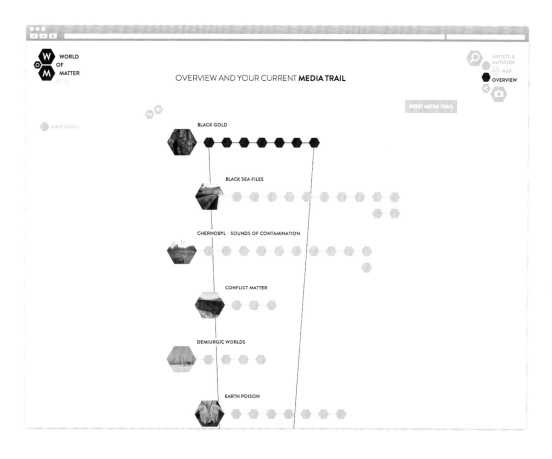

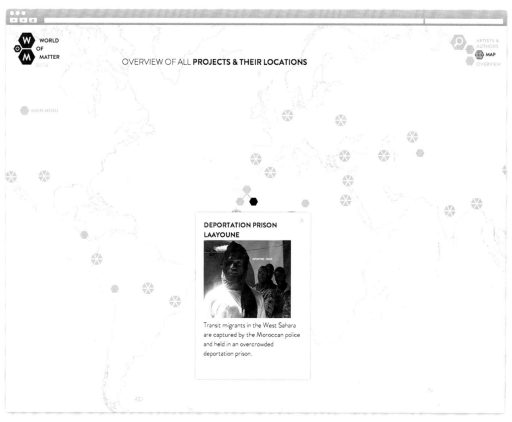

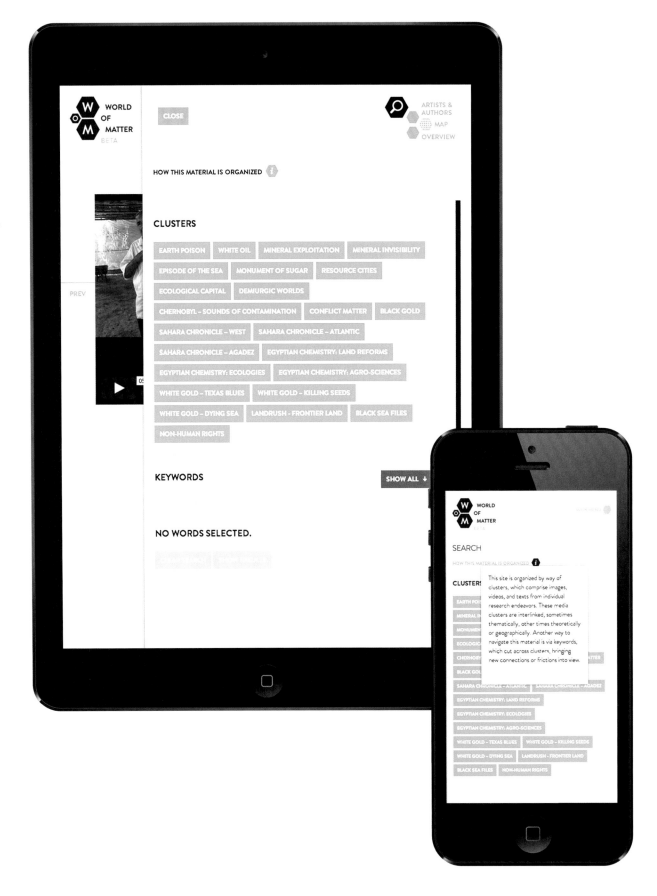

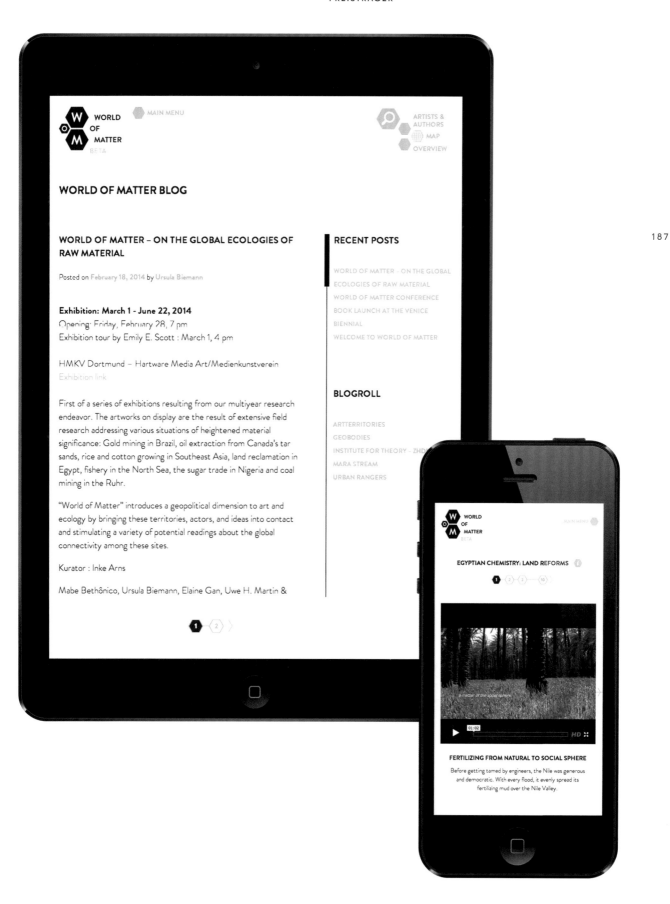

NEW INDUSTRIES FESTIVAL

NOMINEE

188 **AGENTUR**
labor b designbüro

AUFTRAGGEBER
Dortmunder U
Hartware MedienKunstVerein
TU Dortmund
Urbane Künste Ruhr
U2_Kulturelle Bildung

VERANTWORTLICH
labor b designbüro

Fünf Monate lang widmete sich das *New Industries Festival* dem Strukturwandel, also den Veränderungen von Industriegesellschaften hin zu Kreativ-, Wissens- und Dienstleistungsgesellschaften. Auf dem symbolträchtigen Gelände des *Dortmunder U* und im angrenzenden Stadtraum erkundeten internationale Künstler in vielfältigen Formaten, wie wir wurden, was wir sind, welche Industrien uns heute umgeben und welchen gestalterischen Einfluss wir auf die Mechanismen von Industrie- und Arbeitswelt haben.

Im Zentrum des Festivals stand der Gedanke, dass sich Industrien und Gesellschaften nicht schlagartig verändern, sondern ein andauernder Prozess der gegenseitigen Prägung und Beeinflussung stattfindet. Dieses Neben- und Miteinander von Geschichte, Gegenwart und Zukunft sollte auch durch die Kommunikationsmittel veranschaulicht werden.

Das Key Visual beinhaltet Elemente aus historischen Glasbildern des Dortmunder Hauptbahnhofs. Sie repräsentieren die ehemalige Arbeitswelt der Region und stellen den Bezug zwischen dem Veranstaltungsort und -thema her. Um äquivalente Symbole der modernen Industrien ergänzt, versinnbildlichen die entwickelten Piktogramme aktuelle Umwälzungen.

Ludwig Schönefeld
Schlicht und sehr funktional. Hier hat man sich darüber hinaus auch konzeptionell nachvollziehbar viele Gedanken gemacht. Das gefällt!

Till Brauckmann
Ein schlichter, sehr nachvollziehbaren Entwurf, der dank typografischer Expertise eine hohe Eigenständigkeit und starke Wiedererkennbarkeit entfaltet.

190

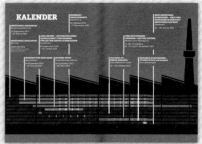
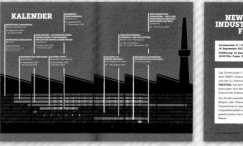

191

KRÄUTERLIKÖR MARIENAPOTHEKE WASSERBURG/INN

NOMINEE

192

AGENTUR
Ulrike Zeizel Grafik Design

AUFTRAGGEBER
Marienapotheke Wasserburg/Inn, Christian Glasl

VERANTWORTLICH
Ulrike Zeizel, Creativ Direction/Design

Die 1523 gegründete *Marienapotheke Wasserburg am Inn* stellt in alter Apothekentradition Kräuterlikör nach eigener Rezeptur her.

Das Gestaltungskonzept der Verpackungsserie basiert auf dem Spiel mit historischen und modernen Elementen, der Verbindung von hochwertiger Verarbeitung und schlichtem Design, dem Gegensatz von schwarz und weiß.
Ziel war, den historischen wie pharmazeutischen Bezug sichtbar zu machen und gleichzeitig die Hochwertigkeit des Produkts optisch hervorzuheben.

So bezieht sich die Mariendarstellung im Logo auf das historische Gemälde im Verkaufsraum der Apotheke. Die Flaschenetiketten sind in Apothekenoptik gestaltet, das Apothekenlogo in Form eines modular einsetzbaren, reliefgeprägten Gütesiegels. Das Einwickelpapier zeigt die Anmutung einer Reihung von Auszeichnungsmedaillen und bietet parallel Informationen zur Apothekengeschichte. Damit der Likör unversehrt bleibt, sind die Flaschen mit einem Siegelpunkt am Korken versiegelt und das Einwickelpapier ist mit Papiersiegeln versehen.

Alle Materialien sind leicht recycelbar. Die Zielgruppe sind Kunden und Geschäftspartner der Apotheke, Gäste und Touristen der Stadt Wasserburg/Inn.

Michael Rösch
Hier wird der Bogen zwischen Historie und Heute gut gespannt und dadurch das Interesse von jüngeren und älteren Zielgruppen geweckt.

Gregor Schilling
Tolle Arbeit, ansprechend und hochwertig. Top! Mich würde interessieren, wie die restliche Apotheke ausschaut!

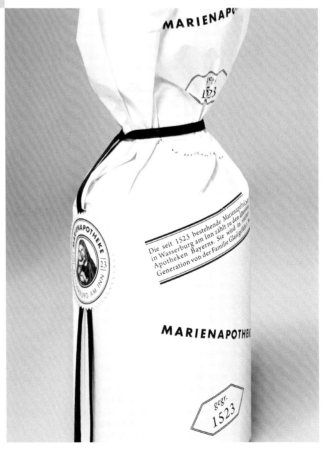

LINDE „DAS SECHSTE ELEMENT" DIE LINDE ICONSPRACHE

AUSZEICHNUNG

196

AGENTUR
Peter Schmidt Group

AUFTRAGGEBER
Linde AG

VERANTWORTLICH
Peter Schmidt Group
Sascha Zolnai, Executive Creative Director
Niels Stehn, Design Director
Vera Bay, Designer
Dominika Dobrzalski, Designer
Susanne Kirner, Designer
Daniel Schludi, Designer

Bereits 2012 wurden mehr Mobile Devices verkauft als herkömmliche PCs. Touch-Oberflächen werden so zum neuen Standard der digitalen Interaktion – und die Berührung von Icons zum ersten Kontaktpunkt der Markenwahrnehmung. Die klassischen Grundelemente des Corporate Designs – Logo, Schrift, Farb- und Bildwelt sowie Layoutprinzip – bedürfen daher der Erweiterung um ein weiteres Element: die markentypische Iconsprache.

Für *Linde* haben wir dieses *sechste Element* entwickelt. Der asymmetrische Raster der Icons leitet sich ebenso aus der hauseigenen Schrift *Linde Dax Global* ab, wie die zu- und abnehmenden Linienstärken mit fließenden Übergängen. Auch die Farbgebung entspricht dem bestehenden Markenauftritt. Durch diese Parameter gewinnt die Iconsprache einen unverwechselbaren Duktus, der sie flexibel macht für Weiterentwicklungen und „Dehnungen". So gibt es schon heute sowohl grafisch reduzierte Motive wie auch aufwendige Darstellungen. Licht- und Materialeffekte bilden jedoch nie den Kern der Gestaltung, sondern werden additiv im Bereich von Interface-Icons eingesetzt. Andere Icons eignen sich für den Einsatz in Broschüren, Katalogen und Illustrationen.

Till Brauckmann
Ich bin ein Fan von schöner Infografik, und hier schlägt mein Herz höher. Supersexy!

Gregor Schilling
Gestalterisch sauber hergeleitet und gut in das bestehende Corporate Design von Linde integriert.

Michael Rösch
Diese Eigenständigkeit und Leichtigkeit passt perfekt zu Linde. Eine großartige Arbeit!

das sechste

eᴛ̄ement

Die Idee: eine Iconsprache, die sich aus den Besonderheiten der Unternehmensschrift Linde Dax Global ableitet.

198

A B ? D

F   H I J

K L M N O

Q R   T

U V W X Y

Der asymmetrische Raster.

 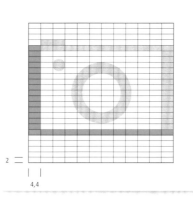 

Zu- und abnehmende Linienstärken.

 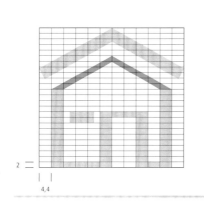 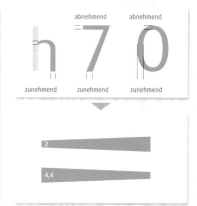

Markante Fragmente der Linde Dax Global.

 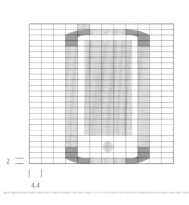 

200

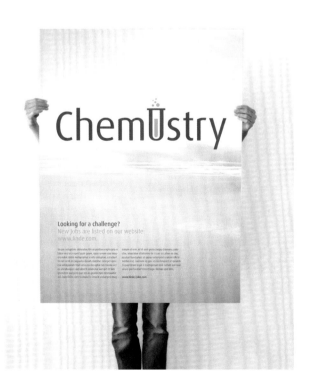

Sonderanwendungen App-Icons

Das Vollbild-Icon baut deckungsgleich
auf dem Iconraster auf.

Umformen in Kombination mit Funktionalitäten

Informations-Icons

Navigations-Icons

Premium-Icons

App-Icons

SIEMENS INFORMATIONSGRAFIKEN

202

AGENTUR
hw.design gmbh

AUFTRAGGEBER
Siemens AG

VERANTWORTLICH
Benjamin Klöck, Creative Direction
Christina Bee, Design Direction
Andreas Schradin, Communication Design
Stefan Kaderka, Communication Design
Eva-Maria Friebel, Communication Design
Andrea Mönch, Communication Design
Nina Ziegler, Communication Design
Thomas Reinhard, Communication Design
Alexander Clos, Projektmanagement

Annette Häfelinger, Siemens AG

Der neue Standard im Bereich Informationsgrafik für *Siemens:* Mit einem breit angelegten Prozess folgt die *Siemens AG* dem weltweiten Trend der Visualisierung von Daten, Prozessen und Zusammenhängen als festem Bestandteil der täglichen Kommunikation.

Mit dem Pilotprojekt *Energiewende* erarbeitete *hw.d* ein flexibles und über alle Medien hinweg einsetzbares Baukastensystem, das für eine unverwechselbare, markentypische Informationssprache innerhalb von *Siemens* sorgt. Sowohl in zwei- als auch in dreidimensionaler Form lassen sich Informationen so angemessen visualisieren. Gestalterisch setzt das Baukastensystem auf die Reduzierung auf die drei wesentlichen Grundfarben, auf Flächen, Linien, vereinheitlichte Icons und grundlegende dreidimensionale Elemente, die in einer technisch-abstrakten und gleichzeitig realistisch beleuchteten Darstellungsform visualisiert sind.

Im Rahmen des *Energiewende-Dialogs* in Berlin im Juni 2013 wurde das Projekt erstmals vorgestellt und in vielfältigen Medien und Anwendungen gezeigt.

Von Webspecials über Außenwerbung bis hin zu einem Flash-Mob auf dem Potsdamer Platz sorgte das neue Design für hohe Aufmerksamkeit.

Wolfgang Seidl
Systemisch wasserdicht und im Web exzellent animiert. Funktioniert bestens als Verlängerung des Branded Content der Marke.

Michael Rösch
Infografiken und Icons, die ernsthaft und systematisch entwickelt werden, halte ich für eine sehr wertvolle Ergänzung des Corporate-Design-Preises. Dies Beispiel zeigt, wie man ein umfangreiches Baukastensystem übersichtlich, reduziert und ästhetisch konzipieren kann.

Gregor Schilling
Kann man sozusagen als Spin-off eines bestehenden Corporate-Design-Systems sehen. Ist professionell aufgesetzt und funktioniert sehr gut.

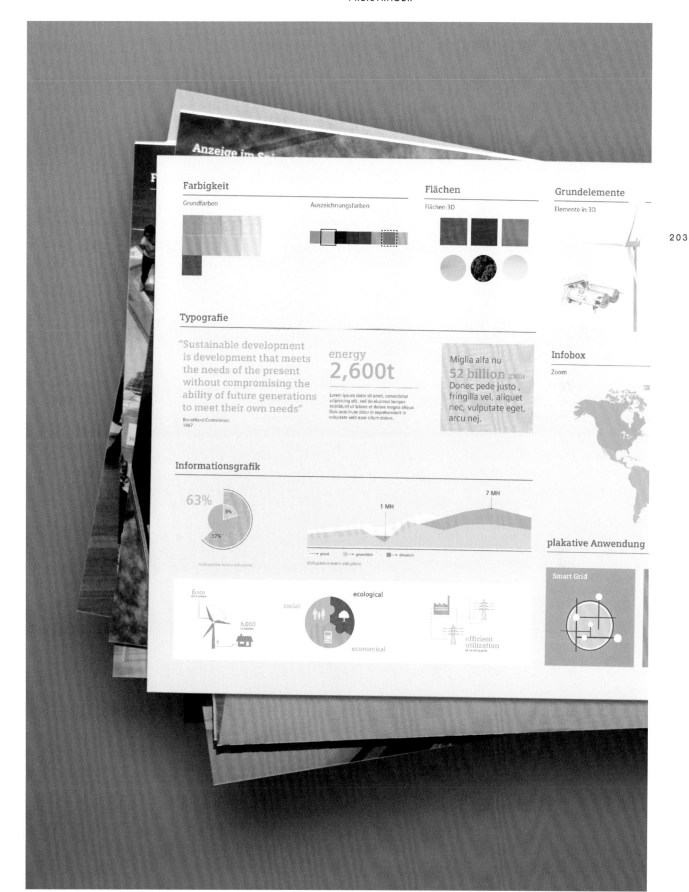

203

Piktogramme

204

von 2D zu 3D

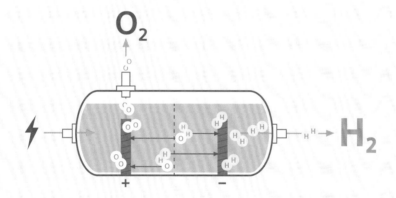

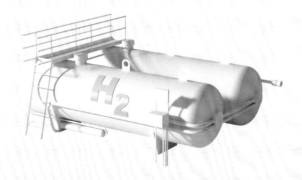

206

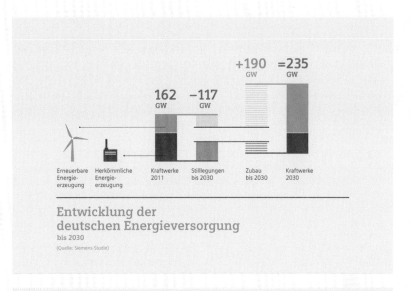

**Entwicklung der
deutschen Energieversorgung**
bis 2030
(Quelle: Siemens-Studie)

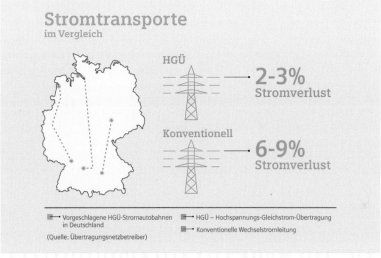

Stromtransporte
im Vergleich

■▶ Vorgeschlagene HGÜ-Stromautobahnen   ■▶ HGÜ – Hochspannungs-Gleichstrom-Übertragung
in Deutschland
(Quelle: Übertragungsnetzbetreiber)   ■▶ Konventionelle Wechselstromleitung

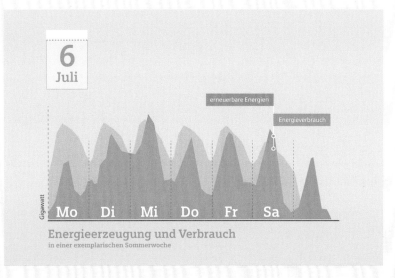

Energieerzeugung und Verbrauch
in einer exemplarischen Sommerwoche

KUNDENMAGAZIN DER PRIVATBANK SAL. OPPENHEIM JR. & CIE.

AUSZEICHNUNG

208 AGENTUR
Peter Schmidt Group

AUFTRAGGEBER
Sal. Oppenheim jr. & Cie. AG & Co. KGaA

VERANTWORTLICH
Peter Schmidt Group
Bernd Vollmöller, Creative Director

Sal. Oppenheim jr. & Cie.
Kerstin Switala, Unternehmenskommunikation / PR

Seit nunmehr zehn Jahren kommuniziert das Bankhaus *Sal. Oppenheim jr. & Cie.* über ein Magazin regelmäßig mit seinen Kunden. Die Publikation schafft Anknüpfungspunkte zu Themen, die das Bankhaus bewegt – ohne dabei eigene Produkte in den Mittelpunkt zu rücken. Vielmehr richtet die Bank den Blick auf spannende, inspirierende Inhalte mit einem individuellen Blickwinkel auf Bekanntes und Neues.

Dieser redaktionelle Anspruch spiegelt sich auch in der Gestaltung wider: In unaufdringlicher Weise werden die Werte Tradition, Individualität und Exklusivität kommuniziert. Das Ergebnis ist ein hochwertiges, aufmerksamkeitsstarkes und unterhaltendes Magazin, das der Imagebildung und Imagepflege dient.

Christina Nitschke
Kontinuität ohne visuelle Langeweile – das Magazin für das Bankhaus Sal. Oppenheim jr. & Cie. macht vor, wie ein Unternehmen die in seiner Identität verankerten Werte in ein redaktionelles Format überträgt und diese immer wieder aufs Neue lebendig erfahrbar macht.

Tom Leifer
Ein uraltes Unternehmen, aber kein bisschen verstaubt, im Gegenteil! Großartig gestaltet – die anderen Finanzdienstleister sollten vor Neid erblassen.

209

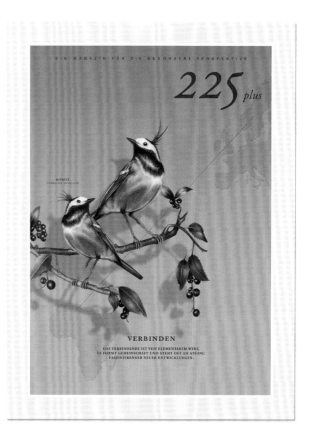

STILLSTAND UND UNSICHERHEIT

Das Fehlen von öffentlichen Investitionen bei gleichzeitiger Überregulierung und überbordender Bürokratie des Staates lähmt die Eigeninitiative und den unternehmerischen Mut seiner Bürger.

211

ÖKONOMIE / Staatsquote · 13

Können wir uns den Staat noch leisten?

UM DEUTSCHLAND FIT ZU MACHEN FÜR DIE ZUKUNFT, SIND DURCHGREIFENDE REFORMEN NÖTIG – WICHTIG IST VOR ALLEM, DASS DAS PROGRAMM IN SICH SCHLÜSSIG IST

DEUTSCHLAND HAT GEWÄHLT – und schon jetzt ist klar, daß die neue Bundesregierung vor gewaltigen Herausforderungen steht: die Wirtschaft kommt nicht in Fahrt. Um nicht einmal ein Prozent wird das Bruttoinlandsprodukt in diesem Jahr nach Schätzungen des Internationalen Währungsfonds zulegen. Die Staatsverschuldung steigt, das Haushaltsdefizit dürfte 2005 erneut über den Vorgaben des Maastricht Vertrags liegen. Die sozialen Sicherungssysteme ächzen unter sinkenden Beiträgen und steigenden Ausgaben. Die Arbeitslosigkeit hat im Frühjahr die Schwelle von fünf Millionen überstiegen.

Etwas muß geschehen. Doch was? Fest steht, daß die Wachstumsschwäche hausgemacht ist. Denn die Weltkonjunktur wächst wie lange nicht mehr. Daß die Deutschen nicht mithalten können, hat viele Gründe. Die Lohnnebenkosten sind hoch, während in Osteuropa Heerscharen von Arbeitnehmern bereitstehen, für einen Bruchteil der deutschen Entgelte zu produzieren. Eine überbordende Bürokratie lähmt den Unternehmergeist. Laut einer Studie der Weltbank dauert es in Deutschland wegen des aufwendigen Genehmigungsverfahrens im Durchschnitt 45 Tage, ein neues Unternehmen zu gründen. Seit Jahren werden öffentliche Investitionen gekürzt, die Qualität der Infrastruktur sinkt. Die Bildung verwahrlost. Bei der Pisa-Studie landen die Deutschen regelmäßig auf den hinteren Plätzen, Spitzenforscher wandern nach Großbritannien und in die USA ab. Das ist fatal für ein Land, dessen einziger nennenswerter Rohstoff in den Köpfen seiner Bürger steckt. Denn gerade wer sich in Zeiten zunehmender Billigkonkurrenz aus Osteuropa und Asien hohe Standards beim Arbeitsschutz und Gehalt leisten will, der muß besser sein als die anderen und seinen Wissensvorsprung konsequent ausbauen.

ABSTIEG VON DER TABELLENSPITZE

Nicht wenige Ökonomen machen die allgegenwärtige öffentliche Hand für die Probleme verantwortlich. Schon tobt eine heftige Debatte darüber, wieviel Staat sich die Deutschen in Zeiten der Globalisierung eigentlich noch leisten können. So sagt Hans-Werner Sinn, der Chefvolkswirt des Münchner Ifo-Instituts: „Die Staatsquote muß in Deutschland gesenkt werden. Momentan sind wir dem Kommunismus näher als der Marktwirtschaft."

WOHLSTAND ODER SOZIALSTAAT ?

Das Beispiel der USA scheint diese These zu bestätigen. Das Erfolgsrezept: ein schlanker Staat und hochflexible Märkte. Die US-Staatsquote – der Anteil der Staatsausgaben am Bruttoinlandsprodukt – lag im vergangenen Jahr bei 34 Prozent. In Deutschland waren es knapp 50 Prozent. Weder Kündigungsschutz noch eine großzügige Unterstützung bei Arbeitslosigkeit oder im Krankheitsfall behindern das freie Spiel der Marktkräfte in den USA. Die Steuern sind niedrig. Die Genehmigung einer Unternehmensgründung dauert oft weniger als eine Woche. Die Wirtschaft ist in den vergangenen zehn Jahren jährlich stets um mehr als drei Prozent gewachsen, die Arbeitslosenquote ist halb so hoch wie hierzulande. Wie kaum ein anderes Land

---

Die Weltverbesserer

Die Währung Glaubwürdigkeit

Tausende junger Menschen haben in den vergangenen Monaten gegen den Kapitalismus demonstriert. „We are the 99 percent", lautete ihre Botschaft – sie sehen sich als Mehrheit, die gerade noch ihre Existenz sichern kann ohne wirkliche Chance auf einen sozialen Aufstieg, während ein Prozent der Weltbevölkerung zunehmend wohlhabender werde. Die Occupy-Bewegung zeigt, dass unser Wirtschaftszweig in einer Vertrauenskrise steckt, und zwar in der wirklich größten ihrer Geschichte, sagt Josef Wieland. Der Wirtschaftsethiker und Gründer des Zentrums für Werte-Management in Konstanz beobachtet, dass es zunehmend an dem Glaubt mangelt. Unternehmen müssen ehrlich handeln.

VÖLKER KÖNNEN WUNDER VOLLBRINGEN

212

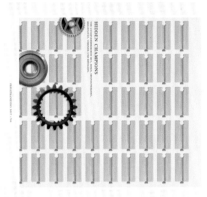

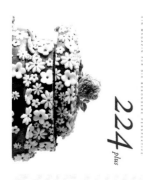

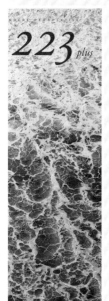

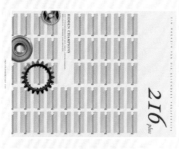

CARDINAL DRAFT ABSINTH

NOMINEE

214 AGENTUR
Peter Schmidt Group

AUFTRAGGEBER
Feldschlösschen Getränke AG

VERANTWORTLICH
Peter Schmidt Group
Ulrich Aldinger, Design Director
Daniela Tegeler, Senior Designer
Louisa Brunotte, Senior Designer
Nathalie Schäfer, Designer
Markus Buchhammer, Director Premedia Packaging
Katharina Baisch, Project Manager

Für ein junges, anspruchsvolles Partypublikum sollte der Auftritt des neuen Kultgetränks *Cardinal Draft Absinth* entwickelt werden. Absinth hat einen legendären Ruf: lange verboten wegen angeblich gesundheitsschädlicher Wirkung und in Verdacht, wahnsinnig zu machen. Diese Mythen werden auf den neuen Biermix übertragen. Den Schwerpunkt bildet ein detailreich illustriertes Visual, das beide Produktwelten unkonventionell verbindet: der Totenkopf ist umgeben von Wermut- und Hopfenranken, Absinth-Löffeln, der grünen Fee sowie Schweiz-Verweisen wie Gebirgszug und Flagge. Das Spiel mit der Gefahr, der Reiz an der unvorhersehbaren, bewusstseinsverändernden Wirkung des Absinths dienen als übergreifende Leitidee und werden auf mehreren Ebenen interpretiert.

Das einzigartige Keyvisual funktioniert medienübergreifend. Im Packaging ist es raffiniert inszeniert, denn der Kopf prangt auf der Innenseite des Rücketiketts und wird nur durch die Ausstanzung des „C" des Frontetiketts sichtbar. Für weitere Promotionszwecke kann es aufgrund der starken Prägnanz und Eigenständigkeit gut herausgelöst werden.

Henning Horn
Super hergeleitet, Codes prima gesetzt – und das Ganze auch noch grafisch appetitlich für die Zielgruppe aufbereitet: großartig!

Till Brauckmann
Die liebevolle, detailreiche Illustration erweist sich als ideales Keyvisual für das Packaging und eine crossmediale Verwertung. Bei aller Expressivität gelingt es dennoch, diesem eher gruseligen Charme eine gewisse konservative, fast vertraute Anmutung zu verleihen. Großartig gemacht!

Prof. Urs Fanger
Ein überzeugendes Experiment, einem Leichtbier über eine visuelle Aura eine starke Identität zu verleihen.

216

JUNIOR CORPORATE DESIGN PREIS

HELLDUNKEL

AUSZEICHNUNG

220 GESTALTER
Sung-Hi Leem

AUFTRAGGEBER
Fachhochschule Dortmund
Prof. Lars Harmsen
Stefan Claudius

VERANTWORTLICH
Sung-Hi Leem

Das fiktive Gastronomieunternehmen *helldunkel* verbindet traditionelles Bäckereihandwerk mit handgebrauten Bieren, um die Vielfalt der Region und des Geschmacks zu erleben. In der eigenen Mühlenproduktion wird das regional geerntete Getreide frisch gemahlen oder zu Malz weiterverarbeitet. Die unfiltrierten, naturbelassenen Biere und schonend gekneteten, mit sorgsamer Handarbeit und langer Teigreifezeit gebackene Brote vermitteln Leidenschaft und Qualität.

Das dynamische Erscheinungsbild von *helldunkel* ermöglicht durch verschiedene Elemente eine visuelle Sprache mit großem Spielraum und stärkt die Differenzierung und Abhebung zu den Wettbewerbern.

Die verschiedenen Elemente sind variabel zusammengesetzt, basieren aber dennoch auf einem gemeinsamen geometrischen Grundbaustein. Dieses Prinzip lehnt an die Philosophie des Unternehmens an: Aus einfachen, aber qualitativ hochwertigen Zutaten durch traditionelle Zubereitungsmethoden und kreativen Ideen neue und spannende Rezepturen hervorzubringen. Materialien wie Holz und Steinzeug schaffen Authentizität und verbinden harmonisch die Gegenüberstellung von Tradition und Moderne.

Prof. Urs Fanger
Ein verblüffend starkes, kohärentes Konzept mit faszinierenden, bildstarken visuellen Einfällen.

Till Brauckmann
Man hält die Schlüssigkeit der Herleitung und die Konstruktion des Logos und der Key Visuals fast nicht für möglich. Ich find's sensationell! Ganz großer Sport!

Norbert Möller
Durchdacht, spielerisch, mit Gestaltungsniveau, interdisziplinär, umfassend – unglaublich. Was für eine Arbeit!

Grundbaustein

Dynamisches Logo

helldunkel

helldunkel

helldunkel

helldunkel

helldunkel

helldunkel

Muster

Corporate Type

abcdefghijkl
mnopqrstuv
wxyʒ äüö ß

1234561890
!?.,;:„" = +()[]

Typografie

Ursprünglich wurde
das Getreide gemah-
len und mit Wasser
vermengt und als Brei
gegessen.

Bier, Brot
und Freunde.

500 ml
Preis

Icons

221

Herleitung für Icons + Muster

Saatgut

Getreideähre

Mahlstein

Corporate Type + Piktogramme aus Grundbaustein

abcdefghijkl
mnopqrstuv
wxyʒ äüö ß

1234561890
!?.,;:„" = +()[]

helldunkel
corporate type
beherʒt
leidenschaft
region
schmeckt

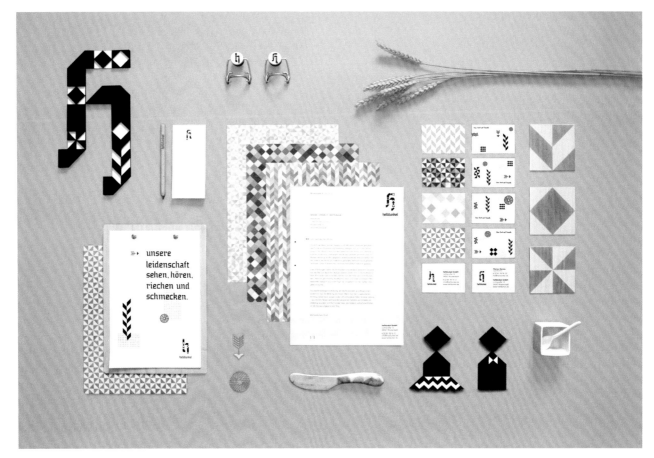

NICHTSNEUES – EXPERIMENTELLE MARKEN- BILDUNG FÜR EINEN SECONDHAND-SHOP

AUSZEICHNUNG

224 GESTALTER
Moritz Kotzerke
Axel Mohr
Paul Schoemaker

AUFTRAGGEBER
Fachhochschule Düsseldorf
Prof. Holger Jacobs

VERANTWORTLICH
Moritz Kotzerke
Axel Mohr
Paul Schoemaker

Die Grundidee eines Secondhand-Shops, die Wiederverwertung getragener Kleidung, wurde radikal auf sämtliche Kommunikationsmedien übertragen. *Nichtsneues* haben wir wörtlich genommen: alte Visitenkarten, Briefbögen, Poster, Postkarten, Tüten, Kleiderbügel und sogar Stühle wurden überdruckt oder überklebt und setzen den Markennamen in die Tat um.

Das Überdruck-Muster aus Penrose-Dreiecken, einer unmöglichen, endlosen Form, symbolisiert den Prozess des Recyclings auf einer zweiten Ebene. Gefüllt sind die einzelnen Flächen nach einer Art Schwamm-Prinzip mit den Strukturen der Kleider im Laden. Auf dem bedruckten Klebeband saugen die Dreiecke nach derselben Methode die Typografie auf, genauso wie die bewegten Bilder im Teaser-Video auf der Website.

Das Konzept entfaltet eine kommunikative Kraft, die mit einem konventionellen Corporate Design so nicht möglich gewesen wäre. Die zentralen Werte des Secondhand-Shops werden auf den Punkt kommuniziert, ohne dabei den Umweg einer abstrahierenden Symbolfindung zu gehen, wie dies bei einem klassischen Logo-basierten Design üblich ist.

Prof. Urs Fanger
Starke, knallige Trash-Ästhetik. Die Übereinstimmung von Produkt und Auftritt ist perfekt!

Christian Daul
Studi-Power! Sehr überzeugend und frisch. Es geht halt nichts über eine klare Idee.

Ansgar Seelen
Ohne Kompromisse, aber leider nur ein akademisches Projekt – real wäre es noch hinreißender. Verglichen mit anderen Vollprofi-Arbeiten in der zweiten Runde beschämend frisch.

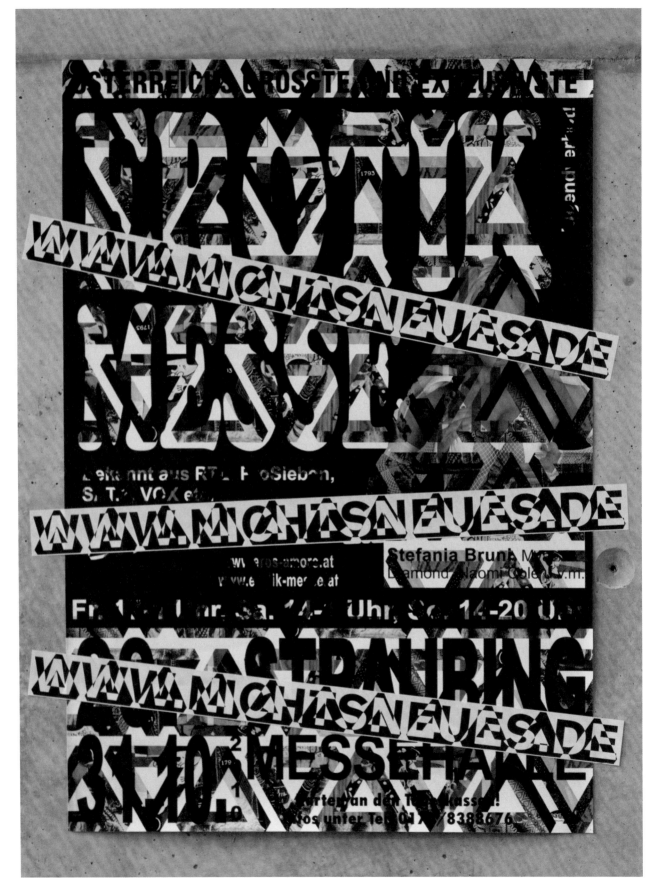

227

MOTOR KRAFTSTOFF-KOLA: MADE IN THE GARAGE – BREWED WITH ROCK'N'ROLL

NOMINEE

228

GESTALTER
Hendrik Kuiter

AUFTRAGGEBER
Fachhochschule Düsseldorf

VERANTWORTLICH
Hendrik Kuiter, Konzeption / Design / Text
Dirk Behlau, Kampagnenfotos

Konzeption, Entwurf und Realisation einer neuen Kola-Marke für die Nische – Positionierung als Szenemarke und Entwicklung eines Corporate-Designs mit dazugehöriger Launchkampagne.

Rock'n'Roll, Rockabilly, Oldtimer, Hot-Rods, Muscle-Cars und Motorräder spiegeln eine vielfältige Szene wieder, die eng mit anderen Subkulturen verbunden und für ein Lifestyle-Getränk neben *Coca-Cola* empfänglich ist: die *Kustom Kulture* Szene. Ein Getränk für echte Typen, egal ob männlich oder weiblich. Weniger süß, weniger brav und botanisch im Kessel gebraut. Richtig viel Koffein kombiniert mit sanften Absinth-Aroma für den Outlaw-Charme – dabei nachhaltig, bio und fair gehandelt. Das Produkt wird durch eine authentische, kantige und kraftvolle Gestaltung unterstützt: Vintage-Charme, szenetypische Fotografie mit Retro-Tonung und Abnutzungserscheinungen.

Das Corporate-Design erweckt die Marke in höchst authentischem Maß zum Leben, man kann sie greifen und förmlich schon die Leidenschaft, Hingabe und den Ölgeruch der Schraubergarage spüren. Die Marke trifft konzeptuell und gestalterisch den Nerv der Zielgruppe auf den Punkt und ist eigen genug, um auf dem hart umkämpften Markt mit einem scharfen Markenprofil aufzutreten.

Michael Rösch
Man schmeckt förmlich die Schmierstoffe. Formal sehr passend und durchgängig gestaltet.

Till Brauckmann
Erfrischend unangepasst. Man könnte meinen, man trinkt einfach eine Flasche Motoröl. Vintage ist ja nicht neu, aber hier ist alles aus einem Guss: Konzept, Produktdesign, Kampagne. Es macht schon Freude zu sehen, mit welcher Leidenschaft und schlafwandlerischen Sicherheit die Gestalter zu Werke gegangen sind. Applaus, Applaus!

Ludwig Schönefeld
Super spannendes Retro-Design. Warum geht diese Kreativität bei kommerziellen Aufträgen nur so häufig verloren?

LOGO & MOTOR HEADLINE FONT

LOGO VARIANTEN

HEADLINE FONT

Eine modifizierte Version der Liberator von Ryan Clark mit aufgerauhten Außenkanten und abgewandelten Buchstabenformen.

PACKAGING & MERCHANDISE

1 CYLINDER X 375 ML

SCHRAUBVERSCHLUSS
(TWIST-OFF-CAP)

GASTRO-PROMO KASTEN
24 CYLINDER X 375 ML

BIG BLOCK
20 CYLINDER X 375 ML

SMALL BLOCK
6 CYLINDER X 375 ML

LAUNCHKAMPAGNE & WEBSITE

LAUNCHKAMPAGNE
(AUSWAHL: 4 VON INSGESAMT 11 MOTIVEN)

MOTOR-KOLA.DE
ONE-PAGE SCROLLPATH WEBSITE: *CHECK IT OUT ONLINE!*

ENTWICKLUNG EINES MARKETINGKONZEPTES UND CORPORATE DESIGNS FÜR DIE SYSTEMGASTRONOMIE SACK & SÖHNE

NOMINEE

232

GESTALTER
Jenny Dobslaff

AUFTRAGGEBER
Hochschule der Medien, Stuttgart
Peter Schmidt Group

VERANTWORTLICH
Jenny Dobslaff

Das Konzept *Systemgastronomie Sack & Söhne* bietet vielfältige Wurstwaren und -spezialitäten an der Frischetheke sowie Wurstgerichte für den Mittagstisch an. Das Besondere ist das Zusammenspiel von traditioneller Wurstproduktion und den wechselnden Neukreationen der Gerichte.

Kreativität und Tradition gilt es als zentrale Werte zu vermitteln. Daher auch die Leitidee meiner Gestaltung: aus dem Fleischerhaken, einem zentralen Element des Fleischer Handwerks ist das Logo abgeleitet. Aus den Buchstaben der Wortmarke ist ein hauseigener Font entstanden und bildet die Basis für das unkonventionelle und charakterstarke Keyvisual. In den Anwendungen wird die Marke konsequent, das Keyvisual in Form verschiedener typografischer Muster jedoch flexibel, umgesetzt.

Henning Horn
Neue Alltagstypografie zum Genießen – ein schlichtes, unverwechselbares Konzept, das bestens funktioniert.

Wolfgang Seidl
Der Headline-Font ist selbst gedengelt. Feiner Ansatz in einem tendenziell derben Business!

Boris Kochan
Mutig! Das visuelle Konzept hat eine große Eigenständigkeit, besonders unterstützt durch die Typowahl. Ich gehe da mal hin – muss ausprobiert werden!

233

234

Entwicklung von Logo und dem daraus entstandenem Sack & Sohne Font.
Der hauseigene Font wird großflächig als Key-Visual eingesetzt.

235

DIE JUROREN DES CORPORATE DESIGN PREISES 2014

TOM ALBOLD

Geschäftsführer, Mars Petcare GmbH

Nach dem Studium der Betriebswirtschaftslehre in Münster begann *Tom Albold* seine Karriere 1996 bei *Procter & Gamble,* wo er in internationalen Sales- und Marketingpositionen in Deutschland, Großbritannien und der Schweiz tätig war. Von 2008 bis 2010 leitete er für *P&G* das *Gillette*-Geschäft in Deutschland, Österreich und der Schweiz. Von 2010 bis 2013 war er Geschäftsführer bei *Danone Waters Deutschland* und seit 2013 ist *Tom Albold* Geschäftsführer der *Mars Petcare GmbH.*

TILL BRAUCKMANN

Inhaber, siegerbrauckmann
Büro für Wirtschaftskommunikation

Nach Abitur, Ausbildung zum Werbekaufmann und Studien in Wirtschaft und Design an der *University of Applied Sciences in Münster* arbeitete *Till Brauckmann* als Designer und Teamleiter Kreation beim international renommierten Büro *sieger design.* Nach verschiedenen Stationen als freier Illustrator, Art und Creative Director wechselte er 2007 auf Industrieseite und war bis 2012 verantwortlich für Marketing, Markenaufbau und Produktdesign bei *Assmann Electronic.* 2012 ging Till Brauckmann als PR-Berater und Designer zu *sieger. Büro für Wirtschaftskommunikation,* wo er seit Anfang 2013 gleichberechtigter Partner im gemeinsamen Büro *siegerbrauckmann* ist.

UWE BROSCHK

Inhaber, büro bockenheim design

Uwe Broschk studierte Visuelle Kommunikation in Mainz. Ab 1986 war er bei *Olaf Leu Design + Partner* beschäftigt. Hier war er für Corporate- und Editorial-Design mit Schwerpunkt auf Geschäftsberichte zuständig. 1998 gründete er seine eigene Firma unter dem Namen *büro bockenheim · agentur für konzeptionelles design* in Frankfurt am Main. *büro bockenheim design* ist in den Bereichen Corporate-, Editorial-, Web- und Messe-Design tätig.

CHRISTIAN DAUL

Creative Managing Director, Kastner & Partners

Christian Daul ist seit Dezember 2013 Creative Managing Director bei *Kastner & Partners Deutschland/Österreich.* Außerdem ist er Gründer und Partner der *field.creative. content GmbH* in Frankfurt am Main, einem Studio für das bewegte Web.

Geboren 1964 in Baden-Baden. Nach Ausbildung als Bankkaufmann und einem Studium der Werbewirtschaft an der *FH Pforzheim* startete er 1990 bei *Michael Conrad & Leo Burnett* als Texter. Danach folgten Stationen als Creative Director bei *Lowe & Partners, Jung von Matt Hamburg* sowie *McCann-Erickson Hamburg und Frankfurt.* Er war CCO von *Young & Rubicam* Deutschland und Geschäftsführer von *Scholz & Volkmer* in Wiesbaden/Berlin.

Im Laufe seiner gestalterischen Karriere hat er über 90 nationale und internationale Auszeichnungen gewonnen. *Christian Daul* ist Mitglied des deutschen *ADC* und Vorstand des *Deutschen Designer Clubs (DDC).* Er ist als Juror in zahlreichen nationalen und internationalen Wettbewerben aktiv und jurierte u. a. bei den *Cannes Lions 2008.* Darüber hinaus ist er Autor zahlreicher Fachpublikationen.

MAG. MARTIN DUNKL

Inhaber, Dunkl Corporate Identity

Dunkl Corporate Identity, Agentur für Corporate Design und Corporate Language in Pernitz (Österreich). Lehrtätigkeit an der *Graphischen in Wien,* Leitung des *Abendkollegs für Grafik und Kommunikationsdesign.*

Autor des Fachbuchs *Corporate Design Praxis – Das Handbuch der visuellen Identität von Unternehmen (Verlag NexisLexis Orac, Wien, 2011).* Vorträge über Corporate Design bei Seminaren und Kongressen, Gutachten und Coachings zu Fragen grafischer Gestaltung und Branding.

URS FANGER
Prof. Dipl. HfG

Professor Urs Fanger studierte Visuelle Kommunikation an der *Hochschule für Gestaltung Ulm*, war Mitglied der Schulleitung der *Zuricher Hochschule der Künste ZHdK*, hat dort die Abteilung Design, Medien und Kunst aufgebaut und geleitet und ist Gründungspräsident der *Swiss Graphic Design Foundation SGDF*. Er arbeitet freiberuflich als Berater in den Bereichen Corporate Design, Signaletik und Kunst im öffentlichen Raum für Firmen wie *Novartis, ETH Zürich, Kanton Zürich, BVR* und andere. Er ist Autor zahlreicher Veröffentlichungen sowie von Vorträgen und Seminaren im In- und Ausland und in Übersee.

CLAUDIA FISCHER-APPELT
Geschäftsführerin, Karl Anders

Leitete über 15 Jahre die Kreation der gesamten *fischer-Appelt-Gruppe* und führte darüber hinaus die Designagentur *Ligalux* unter die Top-3-Design-Agenturen Deutschlands. 2009 folgte der Ausstieg aus der Gruppe. 2010 die Konzentration auf Kunst- und Kulturprojekte und die strategische Arbeit an der eigenen Marke *Mamamoto*. 2010 wurde sie zur Hochschulrätin der *Muthesius-Hochschule Kiel* ernannt und veranstaltete in Hamburg das Kultur-Festival *Kongress für Anders*. Claudia Fischer-Appelt ist im Beirat vom *Design-Xport Hamburg* und Vorstand von *HamburghochII*. 2011 gründete sie *Karl Anders*.

UWE HELLMANN
Direktor, Commerzbank AG

Seit Dezember 2006 ist *Uwe Hellmann* als Leiter Brand Management und Corporate Marketing bei der *Commerzbank AG* tätig, davor bei der *RWE AG*. Davor leitete er bei *Enterprise IG, Hamburg; (heute Brand Union)* das Corporate Brand Consulting. Weitere Stationen: *Henrion, Ludlow & Schmidt, London, Brasilhaus N°8, Bremen, MetaDesign* und *das Design Zentrum Bremen*. Zwischenzeitlich: Lehrauftrag, Gastprofessur für *Design-Management* an der *Hochschule für Künste, Bremen*.

HENNING HORN
Head of Corporate Design, Faber-Castell AG

Henning Horn ist Leiter Corporate Design bei *Faber-Castell*. Als Gründer und Vorsitzender der Initiative *Face to Face* förderte er von 2001 bis 2013 den internationalen Designdialog. Bis 2012 war er Kommunikations- und PR-Berater für die gestaltende Wirtschaft. Von 1998 bis 2007 leitete er im Auftrag des baden-württembergischen Wirtschaftsministers das *Design Center Stuttgart*. Zuvor arbeitete er als Grafikdesigner für Industrie und Designbüros im In- und Ausland.

BORIS KOCHAN
CEO KOCHAN & PARTNER

Unternehmer und Unternehmensgestalter, Büchermacher und Hersteller, Berater und Inhaber von *KOCHAN & PARTNER* – heute mit rund sechzig Mitarbeitern eine der zehn größten inhabergeführten CD/CI-Agenturen Deutschlands. Seit 1986 hält *Boris Kochan* Vorträge und leitet Seminare zu den Themenkomplexen Marke/CI/CD, Kommunikation und Sozialmarketing. Von 2007 bis 2014 war er Erster Vorsitzender der *tgm*, 2007 wurde er in das *Deutsche Komitee des TDC* berufen und 2011 in den Vorstand des *iF Industrie Forum Design e.V.* gewählt. Seit 2010 ist er Chairman des internationalen Non-Latin Typeface Projekts *GRANSHAN*.

TOM LEIFER
Inhaber, Tom Leifer Design

Tom Leifer studierte Kommunikationsdesign in Augsburg. Nach verschiedenen Stationen bei namhaften Designagenturen gründet er 2006 *Tom Leifer Design*. Die Agentur betreut anspruchsvolle Marken, Dienstleister und Verlage in den Bereichen Corporate-, Editorial- und Web-Design. Seine Arbeiten wurden mit zahlreichen nationalen und internationalen Awards ausgezeichnet.

237

238

SUSANNE MARELL

Geschäftsführerin Edelman Deutschland und Schweiz

Susanne Marell verantwortet als Geschäftsführerin *Edelman Deutschland und Schweiz* mit mehr als 220 Mitarbeitern. Bevor sie zu *Edelman* kam, war sie VP Corporate Brand Management bei *BASF*. Sie hat mehr als 20 Jahre Berufserfahrung mit Schwerpunkt auf Corporate Communications, Branding und Organisational Change Prozesse. Zudem ist sie Expertin für Employee Engagement, Nachhaltigkeitsmanagement und -kommunikation und unterstützt als Vorstandscoach internationale Firmen und Marken.

NORBERT MÖLLER

Executive Creative Director, Peter Schmidt Group

Norbert Möller studierte Visuelle Kommunikation an der *HfBK Braunschweig*. Ab 1987 war er als Corporate Designer bei *wirDesign* beschäftigt, bevor er 1992 zur *Peter Schmidt Group* wechselte. Hier war er zunächst als Art Director, dann als Geschäftsleiter Creation und seit 2003 als Executive Creative Director für den Bereich Corporate Design tätig. *Norbert Möller* hat die Entwicklung des Bereichs Corporate Design bei der *Peter Schmidt Group* entscheidend geprägt.

CHRISTINA NITSCHKE

Illustratorin, Grafikerin, Konzepterin

Christina Nitschke ist in Berlin aufgewachsen und absolvierte ihr Studium der Visuellen Kommunikation an der *Hochschule für Gestaltung in Offenbach*. Während eines Auslandsstudiums an der *Universität Barcelona* entdeckte sie ihre Liebe zum Comic. Gemeinsam mit anderen Zeichnern gründete sie in Offenbach die Zeichnergruppe *Kwerbeet,* organisierte Ausstellungen für Zeichner und entwickelte das *CANDY-Magazin* – ein Themenheft über Zeichner. Sie lebt und arbeitet als Illustratorin, Grafikerin und Konzepterin in Frankfurt am Main.

MICHAEL RÖSCH

Vorstand, wirDesign communications AG

Michael Rösch ist Mitbegründer der *wirDesign communications AG* und als Vorstand verantwortlich für die Bereiche Brand Design und Brand Management. Von 1996 bis 1999 lehrte er Corporate Identity an der *Fachhochschule Potsdam*. Er ist Mitglied im *DDC (Deutscher Designer Club)* und Mitglied verschiedener Design-Jurys. Er berät als zertifizierter Change Manager Kunden in Corporate-Design-, Branding- und Change-Prozessen. Seine Expertise unterstreichen Artikel in der *Financial Times Deutschland* und Vorträge auf internationalen Fachtagungen wie dem *Corporate-Design-Gipfel, Face-to-Face* und der *Marken- und Design-Akademie des Rats für Formgebung.*

LUDWIG SCHÖNEFELD

Leiter Corporate Communications,
HOERBIGER Holding AG

Ludwig Schönefeld leitet seit Anfang 2006 die Unternehmenskommunikation bei der *HOERBIGER Holding AG* in Zug, Schweiz. Nach journalistischen Lehrjahren wechselte er 1986 in das Berufsfeld der Public Relations, zunächst in verschiedenen Funktionen bei der *HOECHST AG*, Frankfurt am Main, später als Leiter Unternehmenskommunikation der *HERBERTS Gruppe,* Wuppertal.

GREGOR SCHILLING

Director Corporate Design, Robert Bosch GmbH

Gregor Schilling, Jahrgang 1970, kam 2009 zur *Robert Bosch GmbH* und ist seit 2011 für das Corporate Design der Marke *Bosch* weltweit verantwortlich. Der Diplom Designer (Fachrichtungen Produkt- und Grafikdesign) studierte bis 1998 an der *HfG Karlsruhe* und war in dieser Zeit bei mehreren Projekten wie zum Beispiel *KfZ-Diagnosesysteme für Siemens* oder das *Bahnhofsbeschilderungssystem der Deutschen Bahn* beteiligt. Ab 1998 war er über 10 Jahre bei der *Festo AG & Co. KG* in Esslingen im Bereich Corporate Design tätig. In dieser Zeit wurde das Designteam mit diversen renommierten Designpreisen ausgezeichnet, unter anderem mit dem *Designpreis der Bundesrepublik Deutschland,* dem *Design Management Europe Award* und als *Designteam des Jahres.* Neben dieser Tätigkeit hatte er außerdem Lehraufträge im Fachbereich Produktdesign an der *HfG Karlsruhe* sowie an der *HfK Bremen.*

ANSGAR SEELEN

Brand & Design Director global, Carl Zeiss AG

Ansgar Seelen studierte visuelle Kommuniktion an der *HFG Merz Akademie in Stuttgart* – und Electronic Media Arts an der *Universitiy of Portsmouth.* Während seiner Zeit als Art Director bei *Meiré und Meiré, ClausKoch BBDO Identity* sowie im *Atelier Stankowski* gestaltete er Publikationen für die *Munich Re, BMW Mini* und *E-Plus.* Er prägte das Erscheinungsbild der *Dresdner Bank, der Allianz, der Roto-Frank-Gruppe,* sowie – als Partner der Agentur *Solldesign* – die Kampagnen für die Deutsche Bauzeitschrit *DBZ* und die *Bauwelt.* Seine Arbeiten wurden mit mehreren internationalen Kreativ-Preisen ausgezeichnet. Als freier Dozent unterrichtete er u.a. an der *Fachhochschule Düsseldorf.* Seit sechs Jahren ist er als Brand & Design Director für die visuelle Identität von *ZEISS* verantwortlich und verhalf der Marke für optische Präzision zu einem ganzheitlichen Refreshment.

WOLFGANG SEIDL

Diplom-Designer, SeidlDesign

Das Grafikdesign-Studium absolvierte *Wolfgang Seidl* an der *Staatlichen Akademie der Bildenden Künste in Stuttgart.* Es folgten Aufgaben als Gestalter und Art Director für Werbeagenturen und 1996 die Gründung von *SeidlDesign.* Von 2000 bis 2008 war *Seidl* Art Director für Druckwerke bei *Ferrari.* Von ihm stammt das aktuelle Corporate Design der Marke – wie auch das von *Maserati. Seidl* hat das Corporate Design von *Rosenthal* entwickelt sowie das der *Staatsgalerie Stuttgart* und weiterer Kultureinrichtungen. Im Jahr 2007 hob *Seidl* als Art Director das neue Auto-Kultur-Magazin *ramp* mit aus der Taufe. *SeidlDesign* wurde mit zahlreichen Preisen geehrt. *Wolfgang Seidl* ist regelmäßig als Dozent tätig.

AGENTUR-FINDER

240 / DEUTSCHLAND

B.LATERAL GMBH & CO. KG
Lenzensteig 3
78354 Sipplingen
T +49 7551 831284
info@blateral.com
www.blateral.com

BLOOM GMBH
Widenmayerstraße 38
80538 München
T +49 89 520306-0
F +49 89 520306-15
info@bloomproject.de
www.bloomproject.de

BRUCE B. LIVE COMMUNICATION GMBH
Augustenstraße 87
70197 Stuttgart
T +49 711 993375-50
F +49 711 993375-55
office@bruce-b.com
www.bruce-b.com

DAN PEARLMAN
MARKENARCHITEKTUR GMBH
Kiefholzstraße 1
12435 Berlin
T +49 30 53000-576
F +49 30 53000-588
office@danpearlman.com
www.danpearlman.com

EIGA DESIGN
Spritzenplatz 6
22765 Hamburg
T +49 40 1888123-60
F +49 40 1888123-88
mail@eiga.de
www.eiga.de

HW.DESIGN GMBH
Türkenstraße 55–57
80799 München
T +49 89 2025750
F +49 89 20239696
info@hwdesign.de
www.hwdesign.de

IPPOLITO FLEITZ GROUP GMBH
IDENTITY ARCHITECTS
Augustenstraße 87
70197 Stuttgart
T +49 711 993392-330
F +49 711 993392-333
info@ifgroup.org
www.ifgroup.org

JÄGER & JÄGER
Heiligenbreite 52
88662 Überlingen
T +49 7551 9480-900
F +49 7551 9480-901
info@jaegerundjaeger.de
www.jaegerundjaeger.de

KW43 BRANDDESIGN
Platz der Ideen 1
40476 Düsseldorf
T +49 211 557783 10
contact@kw43.de
www.kw43.de

LABOR B DESIGNBÜRO
Reinoldistraße 2–4
44135 Dortmund
T +49 231 282233-0
F +49 231 282233-29
info@laborb.de
www.laborb.de

MARTIN ET KARCZINSKI GMBH
Nymphenburger Straße 125
80636 München
T +49 89 746469-0
F +49 89 746469-13
info@martinetkarczinski.de
www.martinetkarczinski.de

OKTOBER KOMMUNIKATIONSDESIGN
Willy-Brandt-Platz 5–7
44787 Bochum
T +49 234 77728888
F +49 234 77728899
post@oktober.de
www.oktober.de

PETER SCHMIDT GROUP
ABC-Straße 47
20354 Hamburg
T +49 40 441804-0
info@peter-schmidt-group.de
www.peter-schmidt-group.de

Westhafenplatz 8
60327 Frankfurt am Main
T +49 69 850993-0
info@peter-schmidt-group.de
www.peter-schmidt-group.de

Grünstraße 15
40212 Düsseldorf
T +49 211 30102-0
info@peter-schmidt-group.de
www.peter-schmidt-group.de

Theresienhöhe 12
80339 München
T +49 89 255537-80
info@peter-schmidt-group.de
www.peter-schmidt-group.de

Q KREATIVGESELLSCHAFT MBH
Sonnenberger Straße 16
65193 Wiesbaden
T +49 611 1813-10
F +49 611 1813-118
info@q-home.de
www.q-gmbh.de

REALGESTALT GMBH
Kurfürstendamm 216
10719 Berlin
T +49 30 887776-0
F +49 30 887776-88
post@realgestalt.de
www.realgestalt.de

STRICHPUNKT GMBH
Krefelder Straße 32
70376 Stuttgart
T +49 711 620327-0
F +49 711 620327-10
hello@strichpunkt-design.de
www.strichpunkt-design.de

STUDIO OEDING GMBH
Brook 5
20457 Hamburg
T +49 40 68875878-0
hallo@studio-oeding.com
www.studio-oeding.com

THE HAMPTONS BAY
DESIGN COMPANY GMBH
Widenmayerstraße 36
80538 München
T +49 89 232414-15
meetus@thehamptonsbay.com
www.thehamptonsbay.com

TRUFFLE BAY
MANAGEMENT CONSULTING GMBH
Widenmayerstraße 36
80538 München
T +49 89 232414-12
F +49 89 232414-18
meet.us@trufflebay.de
www.trufflebay.de

TOM LEIFER DESIGN
Mittelweg 161
20148 Hamburg
T +49 40 41496188-0
F +49 40 41496188-15
mail@tomleiferdesign.de
www.tomleiferdesign.de

ULRIKE ZEIZEL GRAFIK DESIGN
Mariahilfstraße 20
81541 München
T +49 89 76757454
F +49 89 51506170
uz@ulrikezeizel.de
www.ulrikezeizel.de

ZWO RUNDUM KOMMUNIKATION GMBH
Kronprinzenstraße 9
40217 Düsseldorf
T +49 211 635536-0
F +49 211 635536-99
info@agenturzwo.de
www.agenturzwo.de

/ ÖSTERREICH

SCREENAGERS
Gumpendorfer Straße 16/16
A-1060 Wien
T +43 1 9971644
office@screenagers.com
www.screenagers.com

241

244

CORPORATE DESIGN PREIS 2014

REN RONG

1960
Geboren in Nanjing, Volksrepublik China
1982
Studium an der Kunstakademie Nangjing
1986
Übersiedlung in die Bundesrepublik Deutschland
1989
Studium an den Kunstakademien Düsseldorf
1992
Meisterschüler von Prof. Fritz Schwegler
1993
Stipendium des Kultusministeriums Schleswig-Holstein
1994
Weilburger Förderpreis für Bildende Kunst
2001
Gastprofessur an der Hochschule für Gestaltung, Hamburg

Für die Gold-Gewinner der Wettbewerbe *CORPORATE DESIGN PREIS* und *BERLINER TYPE* hat der chinesische Künstler *Ren Rong* die stählernen Award-Skulpturen *Wind* und *Augenhand* in limitierter Auflage geschaffen.

Ren Rong wurde 1960 in *Nanjing* in der Volksrepublik China geboren. Heute lebt der Künstler überwiegend in der *Villa Friede* in Bonn. Er arbeitet sowohl dort, als auch in *Beijing,* China. In beiden Ländern setzt er sich für das Verständnis der jeweiligen Kulturen ein, und vermittelt chinesische Künstlerkollegen nach Deutschland und deutsche Kollegen nach China.

Sein Werk spiegelt die historischen Wurzeln und seine europäische Ausbildung gleichermaßen wider. Mit seiner Symbiose aus Pflanze und Mensch hat er eine eigene Bildsprache gefunden, die er in allen ihm zugänglichen Techniken ausführt.

Seit 1995 wurden seine Werke in mehr als 150 Einzelausstellungen gezeigt. Darunter sind neben deutschen Museen und Galerien Institutionen aus China, Hong Kong, Italien, Kanada, Singapur und Taiwan.

Sammler in aller Welt schätzen seinen Dialog der Kulturen und seine Synthese von chinesischer Volkskunsttradition mit der Moderne.

Ren Rong räumt den Gewinnern der Kreativ-Awards die Möglichkeit ein, weitere Skulpturen zum Selbstkostenpreis beim Veranstalter zu erwerben.

Unsere Webseite:
www.corporate-design-preis.de/565.html

245

„*Ich suche nicht, ich finde.*"

Pablo Picasso (1881–1973)

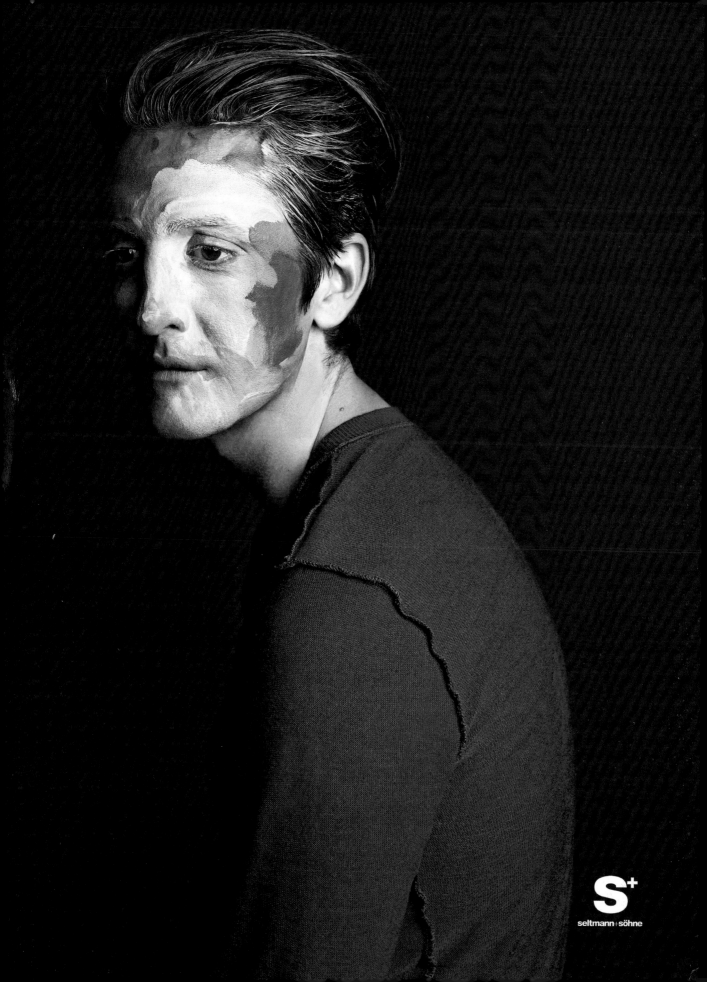

IMPRESSUM

248

© Published by seltmann+söhne
Lüdenscheid, Berlin
www.seltmannundsoehne.de

GESTALTUNG
Tom Leifer Design, Hamburg
www.tomleiferdesign.com

ABBILDUNGEN
Gestaltungsflächen der Preisträger und Autoren

REDAKTION
Jutta Nachtwey

LITHO
Alphabeta GmbH, Hamburg
www.alphabeta.de

SCHRIFTEN
Drescher Grotesk und Poynter Oldstyle Text

PAPIER
Profibulk 1.1, 150 g/m²

ISBN
978-3-944721-30-9

Printed in Germany
Seltmann Printart, Lüdenscheid
www.seltmann.de

HERAUSGEBER
AwardsUnlimited/Odo-Ekke Bingel

WETTBEWERB
CORPORATE DESIGN PREIS
Internationaler Corporate Design Preis
für Deutschland, Österreich und Schweiz

VERANSTALTER
AwardsUnlimited
Wettbewerbeteam Odo-Ekke Bingel
Im Tokayer 15
D-65760 Eschborn
www.awardsunlimited.eu

Online-Ausschreibung: www.corporate-design-preis.de

Wind
Entworfen vom Künstler Ren Rong